100年企業戦略 第2版

「持たざる」から「持つ」経営へ

宮沢 文彦 株式会社ボルテックス
代表取締役社長 兼 CEO

東洋経済新報社

第2版の刊行に当たって

この本は、2018年6月に刊行した拙著『東京一極集中時代の100年企業戦略』を大幅に改訂したものです。

おかげさまで『東京一極集中時代の100年企業戦略』は、中小企業経営者を中心とする、大勢の方々に読んでいただけました。タイトルに「100年企業」とあるように、経営の永続性を担保するに当たって、東京都心の商業地という何物にも代えがたい、非常に高い希少価値を持つ資産を経営に取り入れることの重要性、必要性について、私自身の思いの丈を書かせてもらいました。

当時はまだ東京オリンピック・パラリンピック開催前であり、オリンピック・パラリンピック後の東京に対する期待感が、最高潮に盛り上がった時期でもあります。

しかし、2019年末から新型コロナウイルスの感染が世界的に拡大し、東京オリンピック・パラリンピックの開催は1年延期となり、さまざまな行動規制が強まる中で、私たちのライフスタイル、ビジネススタイルは大きな変容を余儀なくされました。

そして2023年5月、新型コロナウイルス感染症はいわゆる「5類」へと移行され、私たちの手に日常生活が戻ってきました。

前著を世に問うてからの6年、あまりにもさまざまな出来事があり、世の中は大きく変わりました。でも、変わらないものがあります。それは、本書でも詳しく説明していますが、東京という土地が持つ価値です。どれだけテレワークが普及しようとも、再開発によって雨後の筍のように巨大ビジネスセンターが林立しようとも、東京が持つ資産価値は上昇の一途をたどっています。

そして、この資産価値の高まりは、これからも衰えることなく続いていくものと考えております。だからこそ、企業経営に携わる方々は、今こそ東京という唯一無二の価値を持つ資産を、企業経営に積極的に取り込む時期に来ているのです。

その思いを本書に盛り込み、第2版としました。本書が多くの企業経営者、あるいはビジネスパーソンの皆さんのお役に立てれば、筆者としてこれに勝る喜びはありません。

2024年12月

宮沢文彦

はじめに――資産運用の王道は希少性の高い資産に投資すること

「希少性が高いもの」と言われて皆さんは何を連想しますか。

金（GOLD）やダイヤモンドは、宝飾品に目のない方ならピンとくるでしょう。「レアメタル」などとおっしゃるのは、ちょっと特殊なビジネスの世界で働いていらっしゃる方でしょうか。身近なケースでいうと、「限定品」などというものもあります。「数量限定です」と言われると、思わず財布のひもが緩んでしまう方もいらっしゃるでしょう。

なぜ希少性が高いものを、人々は欲しがるのでしょうか。

「持っていれば、いつかは値上がりするかもしれないから」

「誰かに自慢できるから」

理由はいろいろだと思いますが、「いつかは値上がりするかもしれない」というのは、希少性についてなかなか真理を突いた答えといってもよいでしょう。

そのとおりで、希少性の高いものは値上がりする可能性が高いといえます。これは、自分の財産を増やすうえで、押さえておくべき重要なポイントといってもよいかと思います。では、希少性が高い資産といえば何だと思いますか。

まず、現金はどうでしょうか。日本の家計全体で保有している現金の額をご存じでしょうか。金利ゼロに近い預貯金で運用したものではなく、純粋に現金だけで保有されている金額です。

２０２４年3月末で１０５兆６８４４億円です。ものすごい金額です。しかし、現金をたくさん持っていても、もちろん現金自体が値上がりすることはありません。現金はいくらでも刷ることができます。つまり時間の経過とともに、どんどん希少性は失われていく資産です。

株式はどうでしょう。多くの人は「資産運用」というと、真っ先に株式投資を連想すると思います。

しかし、株式も希少性という点では疑問が残ります。株式は企業が資本市場から資金調達するために公募増資などを行えば、数が増えていきます。そもそも上場企業は、資本市場から新株発行によって自由に資金を調達したいから、株式を上場するわけです。ということは、根本的に株式は、企業が資金調達を重ねることによって、希少性を失っていく運命にあるともいえるのです。

それを考えると、希少性がない現金（通貨）の交換比率をトレードするだけのＦＸ（外国為替証拠金取引）も、単に上下する値動きを捉えて売買するだけの話であり、希少性による値上がりを捉えるものではありませんし、暗号資産も確かにマイニングできる量は限定されているものの、次々に異なる暗号資産が登場している点を考えると、果たして希少性があるものなのかどうなのかについては、いささか疑問が残ります。

結局のところ、誰もが知っている資産の中で希少性が高いものといえば、金（ＧＯＬＤ）と、不動産ということになるのではないでしょうか。

資産運用の基本は、希少性の高いもの、誰もが欲しがるものを持つことに尽きると思います。もちろん、日常生活において現金を使う場面は必ずありますから、すべてを希少性の高い資産に置いておくわけにはいきませんが、ポートフォリオの中核に据えるべきは、不動産をはじめとする希少性の高い資産であると私は考えています。

このように申し上げると、「そうは言っても不動産は高くて手が出せない」という声が必ず出てきます。

でも、決してそんなことはありません。

誰もが欲しがる希少性の高い不動産を、比較的手軽な資金で購入する方法を、本書を通じて皆さんにお伝えしたいと思います。

不動産は危なくない

「誰もが欲しがる希少性の高い不動産」といっても、そもそも資産として保有する不動産に対して、「危ないもの」というイメージを抱く方は、少なくないかもしれません。それはおそらく、１９８０年代後半に盛り上がった不動産バブルと、90年代に入ってそれが崩壊し、不良債権を抱えた金融機関が相次いで破綻したイメージが、人々の心の中に残っているからでしょう。

当時の不動産バブルは異常でした。どのくらい異常だったのかというと、「東京都の山手線内側の土地だけで、米国全土の土地が買える」とまで言われたほどです。

また、大阪や名古屋などの大都市だけでなく、地方にある原野に近い状態の土地までもが、将来、大規模開発が行われるといったうたい文句によって買い上げられ、日本全土の地価が大暴騰しました。

なぜ、そこまで日本の不動産価格が暴騰したのでしょうか。

最大の理由は〝カネ余り〟です。当時は景気が非常によく、しかも公定歩合２・５％という、あの時代においては歴史的な低金利でした。それによって、いわゆるカネ余り現象となり、行き場を失ったマネーが、株式市場や不動産市場に流れ込んだのです。

株式にしても不動産にしても、将来の値上がり期待度が高まれば、値上がりする前に買っておこうという心理が働きます。結果、個人だけでなく企業も金融機関も、こぞって「財テク」の名の下に投資を活発に行い、資産価値の上昇に一段と拍車がかかりました。

中でも不動産に関しては、「日本の国土は平地が少ない。だから永遠に地価は上昇する」などといった「土地神話」がまことしやかに語られるようになり、合理的な計算では説明できない水準にまで地価が上昇しました。

バブルがピークだった1990年12月末時点における日本全体の不動産価格の合計額は、約2452兆円となり、米国の地価合計額の4倍にも達したともいわれました。

しかし、このような異常な状態がいつまでも続くはずがありません。

まず、株価が崩れました。1989年12月末に3万8915円まで値上がりした日経平均株価は、1990年の幕開けと同時に下がり始めたのです。

加えて1990年3月には、「土地関連融資の抑制について」という通達が当時の大蔵省から出され、銀行が不動産会社などに行っていた不動産関連融資が著しく制限されることになりました。その結果、永遠に値上がりすると思われていた不動産価格が、1991年のバブルピーク時からいよいよ下落に転じたのは、すでに皆さんご存じのとおりです。

株価にしても地価にしても、その下落ぶりは、一時的な調整の域をはるかに超えて、日本経済の根幹を大きく揺るがせました。地価暴落によって、不動産を担保にして多額の融資を行っていた金融機関は、瞬く間に巨額の不良債権を抱え込み、北海道拓殖銀行や日本長期信用銀行、日本債券信用銀行などが経営破綻に追い込まれました。

今になって振り返ってみると、バブル期の不動産は、価格の上昇についても、その後の下落についても、まさに異常な状態だったことがわかります。

通常であれば、不動産事業というのは適正価格や利回りの見通しがきちんと計算できる、極めて安定的なビジネスなのです。

東京一極集中時代に企業はどう生き残るか

一般財団法人土地情報センターが公表しているデータを見ると、2024年現在では1平方メートルあたりの公示地価（商業地）の平均は東京都中央区が950万6500円となっています。国税庁が公表している路線価では、2024年7月に39年連続で日本一となった東京都中央区銀座5の「鳩居堂」前は1平方メートルあたりの価格が4424万円と、バブル期に記録した1992年の3650万円をはるかに上回っています。

ちなみに、2024年の公示地価（商業地）の平均価格を都道府県別に見ると、最も安いのは秋田県の1平方メートルあたり3万6600円です。同じ1平方メートルあたりの地価なのに、東京都中央区が950万6500円ですから、実に259倍もの格差が生じているわけで、まさに二極化です。

しかも、ここで言う二極化は、東京への一極集中を意味します。ヒト、モノ、カネ、文化、大手企業の本社機能など、さまざまなものが地方から東京に流れ込み、ほかの地域に比べて、ダントツで強い力を持っているのです。

東京にヒト、モノ、カネなどがどんどん集まる一極集中が進むと、さらに地方経済は厳しくなっていきます。

働きたいのに仕事がない。それでは生活ができない。やむをえず、若い人たちは仕事を求めて東京に出ていく。その結果、東京にはどんどん人が集まり、人口が増えていきます。その分だけ、経済活動の規模が大きくなり、消費が活発に行われます。それが仕事を生み出し、仕事を求めてさらに地方から東京へと、若い人が大移動していきます。

逆に、地方は大変です。若い人を中心にして人口流出が続けば、地方の経済活動はどんどん縮小していきます。ますます働く場がなくなり、若い人たちはどんどん東京に出ていくという悪循環に陥り、お年寄りしかいないという状況になっていきます。

2014年に日本創成会議が公表したレポートによると、「2040年には896の市区町村が消滅する可能性がある」そうです。

なお、誤解しないでいただきたいのは、ここで言う「消滅可能性」は、地方自治体そのものが消えてなくなるという意味ではなく、現在の機能が維持できなくなるという意味です。

人口流出によって地方が追い込まれていく中で、企業はどうやって生き残ればよいのでしょうか。もちろん、住む人がゼロになれば、企業の存在意義もなくなりますが、いきなりゼロになることはありえません。「２０４０年には８９６の市区町村が消滅する」といっても、２０４０年になるまでには、あと16年という時間の猶予があります。

この間、徐々に地方の人口は減っていくわけですが、そのような厳しい状況下であったとしても、その地方に住む人がいる限り、企業は命脈を維持しなければなりません。その方法を、本書を通じて皆さんにお伝えできればと思います。

そして、この方法がきちんと機能すれば、再び地方経済は活性化し、人口流出が止まるだけでなく、逆に出ていった人たちが「Ｕターン」してくる、あるいは「Ｉターン」で東京に住んでいた人が地方に移住するという可能性も、十分に考えられます。

中小企業の収益安定がもたらす社会的希望

では、地方企業の命脈を維持していくためには、一般的にどのような方法が考えられるでしょうか。

「地方に新しい産業をつくる」「大手企業の支社、工場を誘致する」というのは、最もオーソドックスな方法です。

でも、「地方経済が危ない」と言われるようになって、今までどの程度の期間が過ぎたでしょうか。10年どころの騒ぎではありません。

私の記憶が確かなら、80年代のバブル経済が華やかなりし頃には、すでにこうした話がいろいろ取り上げられていたと思います。1988年から89年のバブルピーク時に、「ふるさと創生1億円事業」が実行されたのは、まさに地方経済の活性化を目的にしたものでした。この時点で、東京一極集中による地方経済の地盤沈下は、大きな社会問題になっていたわけです。

それから30年が経過し、いまだに地方経済の地盤沈下が止まっていないのは、地元に新しい産業をつくったり、大手企業の支社や工場を誘致したりするというオーソドックスな手法が、まったく功を奏していない何よりの証拠です。

この出口のない迷路から脱するためには、発想を転換させる必要があります。

そもそも、ゼロベースから新しい産業を生み出そうとしても、すでにヒトやカネがどんどん流出している状態では、できることには限界があります。

ではどうしたらよいのか。ここで冒頭に書いた「希少性の高い不動産」がクローズアップされてきます。例えば、地方企業が東京都心の商業地に不動産を所有し、そこから家賃収入を得ていたら、どうなるでしょうか。

所有する不動産の規模にもよりますが、銀座のような超一等地から得られる家賃収入は、かなりの額になるはずです。しかも、その不動産を所有し続ける限り、高額の家賃収入は毎月入ってきますし、不動産価格の値上がりも期待できます。

地方はこれから、ビジネスチャンスが大きく花開く可能性は低く、企業誘致を待っていてもいつ実現するかわかりません。

でも、東京の商業地に不動産を所有すれば、毎月潤沢なキャッシュフローが確保できます。工場や倉庫、機械、在庫、現預金など、バランスシートの資産勘定にはさまざまな項目がありますが、そこに都心のオフィスビルなどを加えれば、地方の中小企業でも収益はグンと安定度を増し、かつ財務体質が大きく改善されるのです。

これは、改善などというレベルではなく、まさに革命的な話です。興味を持たれた方は、ぜひとも本書を最後までお読みください。誰もがそのように納得されると考えています。

宮沢文彦

目次

第2章 国内外から人が流入し続ける世界都市TOKYO

第4章 安定的収入源としての不動産賃貸事業の魅力

第5章 不動産を活用した資産形成と区分所有オフィス

終章　１００年企業をつくる

編集協力――株式会社ボルテックス　マーケティング本部 コーポレートコミュニケーション部

＊本書のデータには、旧版執筆時の本書の主旨に鑑み、旧版のデータをそのまま残した部分があります。

第1章

100年企業に学ぶ
「東京一極集中」時代の生き残り術

中小企業の存続を脅かす日本の課題

現在、日本にはどのくらいの会社があるのかご存じでしょうか。

「368万社」

この数字は、2021年の「経済センサス活動調査」によるものです。では、このうち大企業はどの程度なのかというと、「1・03万社」です。簡単な割り算ですが、368万社ある日本の会社全体のうち、大企業が占める比率は0・3%程度でしかありません。また中小企業を「中規模企業」と「小規模事業者」で分けると、中規模企業の比率が15・2%で、小規模事業者が84・5%になります。

日本は圧倒的に中小企業が多いのです。

その中小企業が今、存続の危機に直面していると言ったら大袈裟でしょうか。でも、残念ながら現在だけでなく未来を考えても、中小企業の経営環境は厳しいと言わざるをえません。

その理由を挙げてみましょう。

①総人口の減少

日本の総人口は、これから減少の一途をたどります。総務省統計局の人口推計によれば、総人口のピークは2008年のことでした（1億2808万4000人）。

そこから緩やかに減少し始め、2024年1月の総人口が1億2414万3000人となっています。16年間で394万1000人も減少しています。

問題は、ここから先の話です。2023年時点の合計特殊出生率は1・20。出生率は2・0で人口は横ばいですから、それを下回っている限り、日本の総人口は減少傾向をたどらざるをえません。どこまで減っていくのでしょうか。

国立社会保障・人口問題研究所が公表している「日本の将来推計人口（令和5年推計）」によると、今後、日本の総人口は着実に減少傾向をたどり、出生中位（死亡中位）で推計すると、2033年に1億2000万人を割り込みます。

もちろん、そこで人口減少に歯止めがかかるはずもなく、2064年には1億人を割り込んで約9953万人に。さらに出生低位推計では、2070年に約8024万人まで減少する見通しです。

その時期にかけて、日本の総人口はかなり速いピッチで減少していきます。当然、社会に与えるインパクトも、非常に大きなものになることは、想像にかたくありません。

全体に人口が減少していくと、おそらくこの時点でも東京にヒトやモノ、カネが集まる構造に変化はないと思われますから、地方経済は相当疲弊するはずです。

人口という経済のパイがどんどん減っていく限り、東京とその他の地域の間では、ヒトやモノ、カネの奪い合いが行われるでしょう。その奪い合いで、地方が東京に敵う可能性は高くはありません。このように言うと、地方に住んでいらっしゃる方の反感を買うおそれがありますが、これはまぎれもない事実です。

人口減少に歯止めがかからなければ、地方都市はますます厳しい状況に追い込まれます。当然、そこでモノを生産したり、サービスを提供したりしている、地元密着型の中小企業は、商売が成り立たなくなるでしょう。

日本企業の0・3％でしかない大企業の大半は、拠点を東京に置いています。名古屋や大阪、京都に拠点を置く大企業もありますが、やはり大半の大企業は東京に本社機能を置いています。

それは逆の見方をすると、地方に拠点を置く企業の大半が中小企業であることを意味します。その地方企業がダメになったら、日本経済が盛り上がるはずもありません。

②グローバル化の進展

日本企業は、1980年代後半から90年代の前半にかけて生じたバブル経済が崩壊した後、グローバル化に向けて経営の舵を大きく切ってきました。例えば、日本を代表するいくつかの大企業の海外売上高比率を見てみましょう。

トヨタ自動車……84％
本田技研工業……87％
パナソニック……60％
ソニー……77％
ニデック……84％
ファナック……85％

海外売上高比率とは、その会社の売上全体に占める、海外での売上の比率です。この数字が高くなるほど、海外から得ている売上が多いことを意味します。

ここで取り上げた企業は、日本人なら誰もが一度は耳にしたことのある大企業ばかりですが、例えば本田技研工業などは、全売上の9割近くが海外です。パナソニックは意外と海外売上比率が低い印象ですが、それでも売上の6割を海外で稼いでいます。

このように、売上高からだけでも、日本の大企業が1990年代以降、いかにグローバル化を推し進めてきたのかがわかります。

これだけグローバル化が進んだ理由はいろいろ考えられますが、日本の総人口の減少は、その最たるものでしょう。人口というのは一国の経済を構成する大きなファクターですから、その減少は、消費活動や労働力の低下を通じて、経済力の後退につながります。

人口が減少しても、給料が大きく増えていれば多少はマシですが、多くの方が実感しているように、私たちの給料はそれほど大きく増えていません。したがって、人口減少に伴って日本の経済力は徐々に低下していきます。

そして企業は、「このまま日本をメインのマーケットにしてビジネスを続けても、成長しない」ということをよくわかっています。だから、大企業の多くが海外に乗り出していったのです。

ただ、すべての日本企業がグローバル化を進められるわけではありません。海外でマーケティングをし、有望な地域に人材を送り込み、生産拠点や物流拠点を整え、やがて現地法人化させるには、相当の資金力が必要ですし、それを実行できる有能なスタッフがいなければ無理です。社員数名程度の小規模事業者では、海外に進出したくてもできないのが現実です。

ですから、日本の中小企業は基本的に国内目線で経営されているのです。その日本の総人口が減少して経済力が後退し、かつ多くの中小企業が活動拠点にしている地方から東京に、ヒトやモノ、カネなどがシフトしていく現状を考えると、中小企業の経営は早晩、より厳しくなるおそれがあります。

③事業承継問題の深刻化

今、日本の中小企業の多くは、事業の存続について非常に厳しい状況に直面していると言わざるをえません。前述したように、日本の総人口が減少するとともに、グローバル化がなかなか進まない状況からも、それはおわかりいただけると思います。

加えて、中小企業が今、直面している喫緊の課題として、事業承継問題があります。

現在、日本の中小企業経営者の平均年齢は、年々上昇傾向をたどっています。帝国データバンクが公表している「全国社長年齢分析（2023年）」によると、社長の平均年齢は60・5歳で、過去最高を更新しました。ちなみに、1990年の平均年齢は54・0歳でしたから、この33年間で平均年齢は6・5歳、押し上げられたことになります。

創業経営者が永遠に経営の任に当たることはできません。いつか後継者にバトンタッチする必要があります。その際は、家族経営色の強い中小企業においては、自分の子どもに社長の座を譲るケースが一般的でした。

しかし、最近は事情が違うようです。前途が有望な会社ならともかく、先が見えている会社の経営を自分の子どもに譲っても、自分と同じ苦労をさせるだけだということで、自分の代で会社を畳もうという経営者が増えているのです。

一方、地方の中小企業の跡取りとみられる立場の子どもの側も、東京の大学で学び、そのまま東京の会社に就職する人が少なくありません。その後、東京で結婚して家庭まで持っていたら、わざわざその生活基盤を捨ててまで、親の会社の経営を引き継ごうなどと思わないでしょう。しかも、前述したように地方経済は先細りであり、そこを商圏とする中小企業の経営を継ぐことに対して、魅力が低下しつつあります。

これだけの悪条件が重なっているのですから、事業承継がスムーズに進まなくなるのは当然です。今後、経営者の年齢が上がっていくにつれて、この問題はさらに深刻化していくでしょう。そのとき、中小企業の数は徐々に減少傾向をたどっていくはずです。

④地方金融機関の経営難

地方から東京への資金移動が、これから大量に発生するおそれがあります。親が被相続人、子が相続人で、親が地方在住、子が東京在住というケースを想定してみてください。家族がこのように地方と東京で分かれて暮らしているケースは、山のようにあるはずです。

このような家族の中で、例えば父親が先に亡くなったら、相続が発生します。子どもが1人の場合、父親が亡くなったときに発生する一次相続では、母親と子どもが相続人になります。さらに、母親が亡くなったときに発生する二次相続では、母親が被相続人で、子どもが相続人になります。

一次相続でも二次相続でも、子どもは遺産を相続することになりますが、その中でも、ここで問題にしたいのは「現金」の相続です。

子どもが東京住まいで、親の遺産を現金で相続した場合、その現金をどこに置くでしょうか。地方に住んでいる親は、自分たちが使いやすいように、地元の地方銀行、第二地方銀行、信用金庫あたりに口座を開き、そこに現金を預けているはずです。

その預金を東京に住んでいる子どもが相続したとき、親が使っていた口座に預けたままにしておくでしょうか。やはり自分たちが使いやすいように、東京にある金融機関に移そうとするでしょう。結果、地方から東京に資金流出が進むことになります。

金融機関は、預金を通じて預かったお金を、企業や個人に融資することで利ざや商売を行っています。預金がどんどん流出すれば、金融機関は融資を行うための原資が減りますから、究極的には貸したくても貸せないという状況に陥ります。

逆に地方企業からすれば、今までなんの問題もなく融資が受けられていたのに、徐々に融資が受けられなくなります。金融機関からの融資によって命脈を保ってきた地方企業にとって、これは死活問題になります。

厳しい経営環境下で事業継続を可能にするためのポイント

現状認識として、地方の中小企業はこれから非常に厳しい経営環境に直面することは間違いありません。

しかし、厳しいから未来がないとは断言できません。

いくら経営環境が厳しいといっても、そこに人が住んでいる限り、経済活動はあるわけですから、当然ながら企業も存在し続けます。地方の中小企業がゼロになることはありません。そうである限り、厳しい経営環境下でも事業を継続できるようにするための方法を、私たちは考える必要があります。

そこで重視したいのは、内部留保の拡大と、本業に連動しない収益エンジンを構築することです。

まず、1つ目のポイントである「内部留保」です。「企業は従業員の賃金をなかなか上

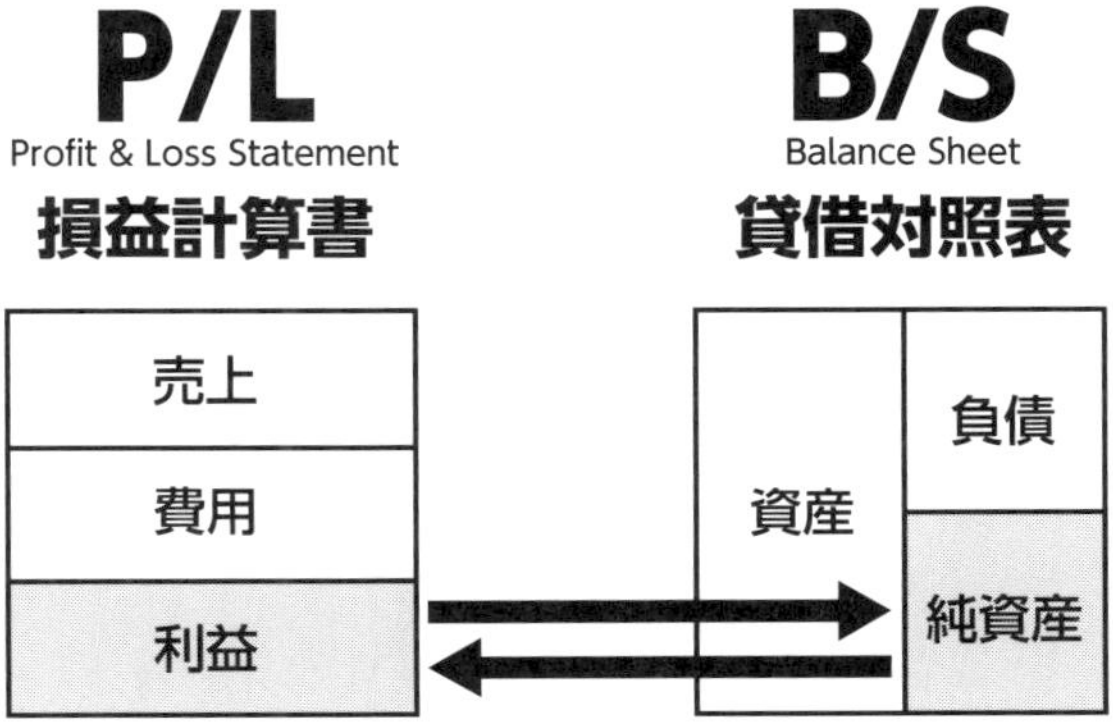

げようとせず、内部留保を蓄積しており、けしからん」などと、ネガティブに捉える意見も少なくないようですが、企業にとって内部留保は、事業を継続させていくうえで、必要不可欠なものです。

内部留保とは、企業の利益から税金や配当金など社外に流出する分を差し引いた残りの額です。要は、純粋に会社の蓄えとして残しておけるお金といってもよいでしょう。

この「内部留保」、いくらバランスシート上で探しても、その勘定科目は存在しません。なぜなら、正式な会計用語ではないからです。

では、どこにあるのかというと、バランスシートの右側（貸方）の「純資産の部」というところに、「利益剰余金」などの名目で計上されています。

内部留保は、売上を拡大させながら、人件費や製造コスト、原材料費などを抑えて純利益を大きくすれば拡大します。拡大した内部留保の一部を使って設備投資などを行い、さらに業容を拡大させることもできます。ただ、業容を拡大させていくうえで、内部留保を効率的に使うことはもちろん大事なのですが、やみくもにキャッシュアウトさせるのは、決して企業のためにならないというのも事実です。

内部留保が大きくなれば、従業員に支払う賃金を安定させたり、福利厚生の充実を図ったりすることもできます。さらに言えば、内部留保の厚い企業は、高い信用を維持できます。

売掛や買掛、手形などは、高い信用があってこそ成立します。内部留保がほとんどないような企業だと、どのような取引をするにしても、取引相手となる企業からの信用を得ることができません。それは円滑な商売に支障を来すことでもあります。この点、内部留保が手厚い企業であれば、高い信用の下、さまざまな取引が円滑に進みますし、金融機関からの借り入れも容易に行えるでしょう。

このように考えると、内部留保を高めることは、企業にとって最重要課題の一つといっても過言ではないのです。

もう1つのポイントである「本業に連動しない収益エンジンの構築」ですが、これは経営の安定度を高めるうえで、極めて重要です。

本業は、当たり前のことですが、企業によって異なります。自動車を製造する企業もあれば、家電製品を製造する企業も、あるいはそうした大手メーカーに部品を提供する企業もあります。そのほか、金融機関、不動産、鉄鋼など、さまざまな業種があり、それぞれに好不況のサイクルがあります。景気がよければ業績は上がり、景気が悪ければ業績は低迷します。

企業経営者としては、こうした好不況の波によって、企業業績が大きく振らされないようにしたいと常々考えています。そのためには、本業とは連動しない収益源を確保する必要があります。

そこで例としてですが、自動車部品の製造会社が、収益不動産を所有したらどうなるでしょうか。収益不動産からは毎月、安定した家賃収入が得られます。そうすれば、景気の良し悪しで自動車部品の発注に波があったとしても、一方で安定した家賃収入がありますから、全体で見たときの収益構造は安定度を増し、内部留保の安定的な蓄積にも役立つはずです。

創業100年以上の長寿企業が多い業種とは

創業から100年以上が経過した長寿企業のことを「100年企業」などと称します。

このような長寿企業が、日本にどのくらいあるのかご存じでしょうか。

帝国データバンクの調べによると、2024年時点で創業から100年を経過している長寿企業の数は、全部で4万913社あります。

ちなみに、その中で最も古い歴史を持つ企業は、神社建設を行ってきた金剛組です。金剛組の創業は西暦578年ですから、実に1446年の歴史を有しています。

同社のウェブサイトによれば、四天王寺の建立にあたり、「聖徳太子」の命を受け、百済《くだら》の国から日本に招かれた3人の工匠のうちの1人が、創業者の金剛重光だったとありますから、いかに古い歴史を持っているのかがわかります。

それはさておき、この調査結果から100年企業を業種別に見ると、最も多いのが「貸事務所業」で全体の2・99%を占めています。ちなみに、2008年の数字を見ると、貸事務所業は403社で6位、全体に占める比率は2・06%でしたから、この16年間で大きく上昇したことがわかります。

2位は「清酒製造業」で全体の2・02%を占めています。清酒の製造は、古くからの伝統技術によって支えられている面がありますから、創業年の古い企業が多いのはうなずけるところでしょう。

そのほか、3位に「旅館・ホテル経営」、4位には「酒小売業」が入っています。酒を

貸事務所業の事業継続性（長寿企業ランキング）

全業種・業態の中で長寿企業が最も多い「貸事務所業」

長寿企業の多い上位10業種（2008年）

	業種	長寿企業数（社）	構成比率（%）
1	清酒製造業	637	3.26
2	酒小売業	514	2.63
3	呉服・服地小売業	511	2.62
4	旅館・ホテル経営	467	2.39
5	婦人・子供服小売業	425	2.18
6	貸事務所業	403	2.06
7	酒類卸売業	336	1.72
8	ガソリンスタンド経営	305	1.56
9	木材・竹材卸売業	266	1.36
10	木造建築工事業	259	1.32

※構成比の母数は19,518社

長寿企業の多い上位10業種（2024年）

	業種	長寿企業数（社）	構成比率（%）
1	**貸事務所業**	**1,223**	**2.99**
2	清酒製造業	827	2.02
3	旅館・ホテル経営	696	1.70
4	酒小売業	678	1.66
5	一般土木建築工事業	655	1.60
6	木造建築工事業	655	1.60
7	土木工事業	630	1.54
8	呉服・服地小売業	589	1.44
9	婦人・子供服小売業	561	1.37
10	酒類卸売業	547	1.34

※構成比の母数は40,913社

創業100年以上の長寿企業は、この16年間でおよそ2万1,000社増加している。中でも「貸事務所業」の増加率は際立って高く、全業種・業態の中で最も長寿企業の数が多い。これらの企業の中には、本業は貸事務所業ではなかったが、貸事務所業の収入が年々増加することで業種が変わったというケースが多いためである。本業以外に本業と連動しない収益源として「貸事務所業」を組み入れることで、事業継続性の格段の向上が見込める。

（出所）帝国データバンクのデータを基にボルテックス作成

つくる側と、それを売る側が共に手を携えて事業を支えてきたということを考えれば、「酒小売業」が4位に入るのも道理ですし、「旅館・ホテル経営」「呉服・服地小売業」なども、古くからの業態で、一般にも知られている老舗ブランドが結構あるので、上位に入るのはよくわかります。

一方、「貸事務所業」が1位になっていることについて、意外に思った方も多いのではないでしょうか。

100年企業に貸事務所業

が多いのは、「昔からこの業種が日本国内に定着していたから」なのでしょうか？　決してそのようなことはありません。もちろん丸の内の大家さんである三菱地所や森ビルのような専業企業は以前からありましたが、多くの場合はおそらく、最初から貸事務所業を行っていたのではなく、長い歴史を経る中で、貸事務所業に業態転換したケースだと考えられます。

例えば、工場を持ち、そこでモノをつくる製造業を営んでいたのに、日本のモノづくりの拠点が海外に移転する中で仕事がなくなり、工場を潰してビルを建て、それを貸し出す、というのが典型的な事例でしょう。

つまり、貸事務所業として100年企業になったというよりも、本業と並行して安定した収益が得られる事業であるという点に着目して貸事務所業に進出したところ、年々、貸事務所業から得られる収益が増加することで、結果的に業種が変わったというケースが多いと考えられます。

長寿企業全般に当てはまることですが、財務面の特徴として、営業外損益がプラスになっている傾向が見られます。

営業外損益とは、本業以外の活動によって生じた損益のことで、これがプラスになっているのは、保有株式や土地・建物などの資産を有効活用し、本業以外でもしっかり収益を生み出していることを意味します。

その点からも、景気変動の影響を受けにくく、安定したキャッシュフローが得られる貸事務所業などの不動産ビジネスを本業と別に営むことは、長寿企業になるために近道だといえるでしょう。

不動産賃貸事業で強固な経営体質を実現した企業たち

収益物件を保有し、不動産賃貸事業を行うことで、確かな経営基盤を確立している企業の事例を紹介したいと思います。取り上げる企業は、グラフ（36ページ）の5社です。

いずれも2021年春の決算の数字です。2021年といえば、新型コロナウイルスの感染拡大が深刻化している最中で、この時期、多くの企業が業績悪化に苦しみました。とくに、本業がお客様商売をしている企業の場合、密になることを回避するためにさまざまな行動制限が行われたことから、売上に大きな影響を被った企業も少なくありません。

新型コロナウイルスが季節性インフルエンザと同様の「5類」に移行し、行動制限がなくなったのが2023年5月のことです。それまでの間、緊急事態宣言やまん延防止等重

コロナ禍に不動産事業に支えられた企業

各社のセグメント別営業利益（単位：億円）　▲はマイナス

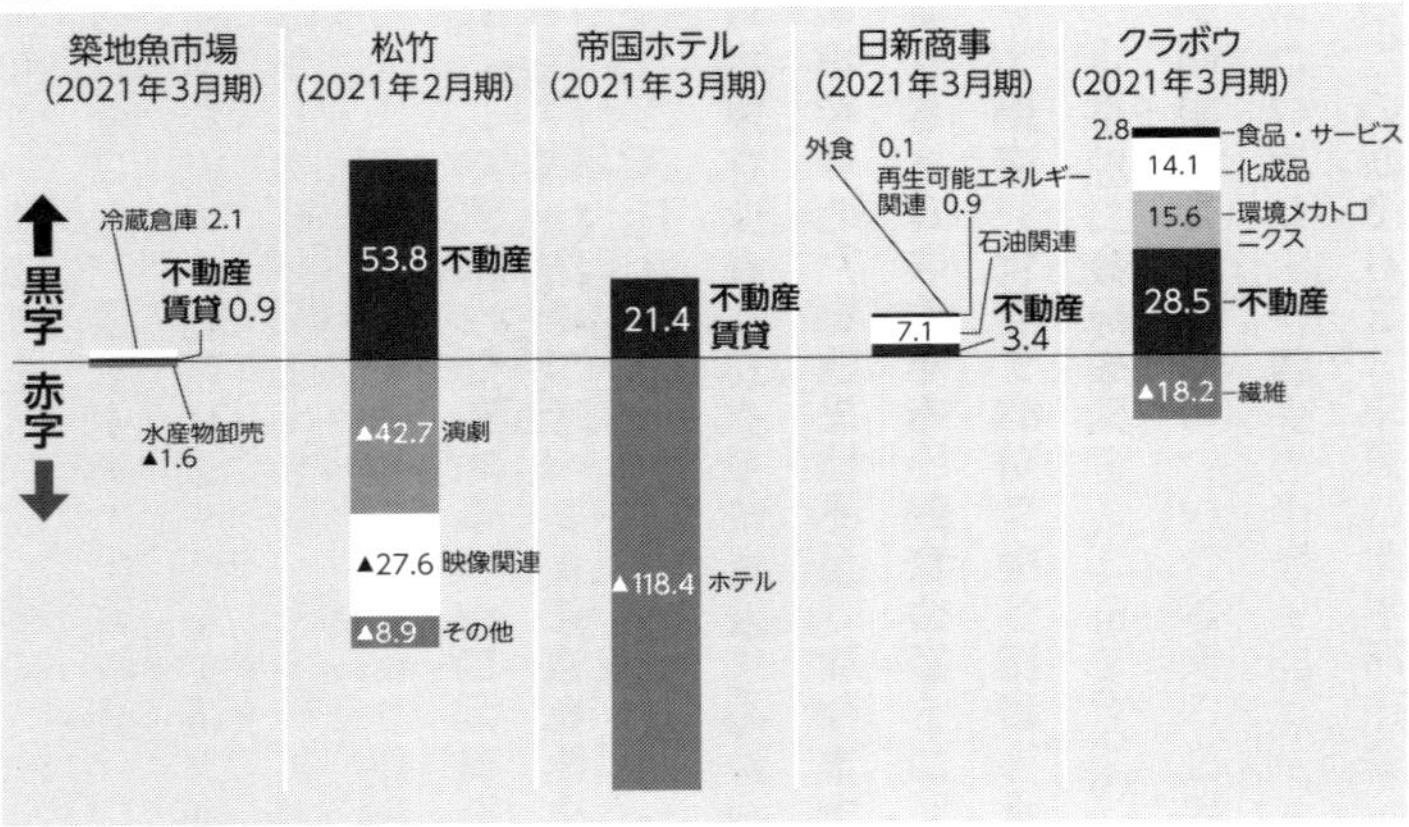

（出所）各社の有価証券報告書のデータを基にボルテックス作成

点措置によって、飲食店や宿泊施設、公演会場など大勢の人が集まる施設は、大幅に稼働率が低下しました。結果、こうした施設運営に関わっている企業の業績は、大きく落ち込むことになったのです。

例えば某大手外食産業の業績を見ると、2021年2月の連結決算で、売上高は前期比59・1%のマイナスになりました。結果、営業利益は97億円の赤字を計上しています。

しかし、収益物件を保有している企業の場合、こうした逆風にもかかわらず、営業利益を黒字、あるいは赤字を最小限にとどめることで未曾有の危機を乗り越えられた事例が多かったようです。

グラフのセグメント別の営業利益を

見ると、例えば築地魚市場の場合、自粛の影響で水産物卸は1億6400万円の赤字でしたが、不動産賃貸事業で8700万円の黒字が計上されているため、冷蔵倉庫の2億800万円の黒字と合わせると営業利益は黒字になっています。

松竹の場合は、公演の場にいかに大勢のお客様を集めるかによって売上も大きく変わってきますから、行動制限による影響はかなり大きなものになるはずです。

同社の2021年2月期のセグメント別営業利益を見ると、映像関連事業が27億6100万円の赤字、演劇事業が42億6800万円の赤字、その他が8億8600万円の赤字で、連結決算では赤字を計上していますが、銀座の一等地に建つ歌舞伎座タワーをはじめとした不動産賃貸事業では53億7900万円もの黒字があったため、それによって赤字の額を減額できています。

帝国ホテルは宿泊業なので、やはり行動制限の影響は大でした。ホテル事業から得られる営業利益は、2020年3月期が35億6100万円だったのが、2021年3月期は118億4400万円の赤字を計上しています。

しかし、この間も帝国ホテル館内の貸出用オフィスやテナントスペースをメインとした不動産賃貸事業は安定した賃料を帝国ホテルにもたらし、ホテル事業が大幅赤字を計上した2021年3月期決算においても、不動産賃貸事業においては21億3600万円の黒字を確保しました。

また、新型コロナウイルス感染症による直接の影響ではなく、本業が構造転換を迫られている企業において、不動産賃貸事業があることで、そうした対応を行うことができている事例もあります。

石油製品販売を祖業として、工場向けの重油等の販売やサービスステーションなどを広く展開している日新商事では、若者のクルマ離れや低燃費化によってガソリンの販売量が減少するなか、閉鎖した事業所やサービスステーションの跡地にオフィスビルや賃貸マンションを建てるなどして事業の多角化を進めてきました。

2021年3月期決算を見ると、石油関連事業の利益は前期比145・5％増の7億1062万円、不動産事業の利益は前期比8・4％減の3億3931万円となっています。

ただ、これはガソリン等の製品市況が安定的に推移したことなどにより前年度と比べてマージンを確保できたことと、オフィスビルの修繕を実施したことなどの影響を受けたものです。

それぞれの売上高を見ると、石油関連事業は新型コロナウイルス感染症の影響を受けて販売価格が低下したことや販売数量が減少したことなどにより前期比14・5％減の

498億9971万円、不動産事業は保有不動産の一部譲渡による賃料収入の減少があったものの前期比1・6％減の6億1924万円となっており、不動産事業を持っていることによって業績の安定化を実現し、再生可能エネルギーを中心とした次世代エネルギービジネスへの対応につなげることもできています。

構造転換を迫られているという意味では、繊維業界もその一つです。業界を代表する企業であるクラボウの例は、老舗企業のあり方としても非常に興味深い事例です。

クラボウといえば、日本を代表する繊維メーカーで、1888年に倉敷紡績所として創業した、名門老舗企業で、創業から136年もの歴史を有しています。

社名のとおり、祖業は繊維事業です。しかし、ご存じのとおり、日本の産業構造の変化などを受けて繊維事業では利益を上げにくくなっており、同社の場合もセグメント別の営業利益を見ると、祖業の繊維事業は18億2400万円の赤字です。

ところが、所有するオフィスビルの賃貸や工場跡地を活用した賃貸ショッピングビルなどの不動産事業では28億4600万円の黒字を計上しています。

繊維事業以外のセグメントの損益を見ると、化成品事業、環境メカトロニクス事業、食品・サービス事業がいずれも黒字となっていますが、中でも最も大きな黒字を上げているのが、不動産事業なのです。

クラボウのセグメント別営業利益を見ると、まさに不動産事業を持っていることが、長寿企業の経営の礎の一部になっていることがよくわかります。

銀座4丁目の有名楽器販売店のケース

不動産、中でも東京の商業地がいかに特別な存在であるのかを示す、1つの好例があります。

銀座4丁目にある有名楽器販売店の話です。銀座4丁目といえば銀座のど真ん中です。銀座4丁目交差点を挟んで、時計塔で有名な和光、三越、三愛（建て替え中）、GINZA PLACEがそれぞれ軒を並べており、日本で最もステータスの高い場所の一つといってもよいでしょう。

この楽器販売店が、銀座4丁目に会社を設立したのは大正の初めのことでした。1世紀以上の歴史を誇る、まさに100年企業です。

ここまで長い歴史を積み上げてこられたのは、その時々において優秀な経営判断を下してきたことはもちろんですが、銀座4丁目という日本最高値の土地に拠点を構えていたことも、その一因であると考えられます。

銀座4丁目（2002年より標準地が銀座4－5－6に変更）の地価公示価格は、2024年1月1日現在、18年連続で日本一を記録しました。1平方メートルあたりの価格は、なんと5570万円。この土地の近隣売却事例から試算すると、楽器販売店が建てられている銀座4丁目は、坪単価が3億円。おそらく、その不動産価格は、400億円を超えるものと思われます。楽器販売店は、この不動産を背景とした強固な財務基盤をベースに安定した経営を行ってきました。不動産を上手に活用しながら、業容を拡大した好例です。

銀座4丁目の地価は1991年のバブルピーク時に1平方メートルあたり3850万円まで上昇したあと（当時の標準地は銀座4－2－15）、バブル経済の崩壊によって、2000年、2001年には同980万円まで値下がりしましたが、そこから再び上昇傾向をたどってきました。これが、銀座をはじめとする都心商業地の強みです。

不動産を担保にして融資を受ける場合にも、このように価格が安定的に上昇していることは、非常に強みになります。担保価値が高まることによって、融資枠も拡大していくからです。

もちろん、この楽器販売店が安定した経営を行ってきたのは、強固な財務基盤に加えて、その時々で的確な経営判断を下してきたからにほかなりません。その意味では、本業

東京と他の主要都市との公示地価（最高地点）の比較

他の主要都市と比較して東京の地価の高さは突出している

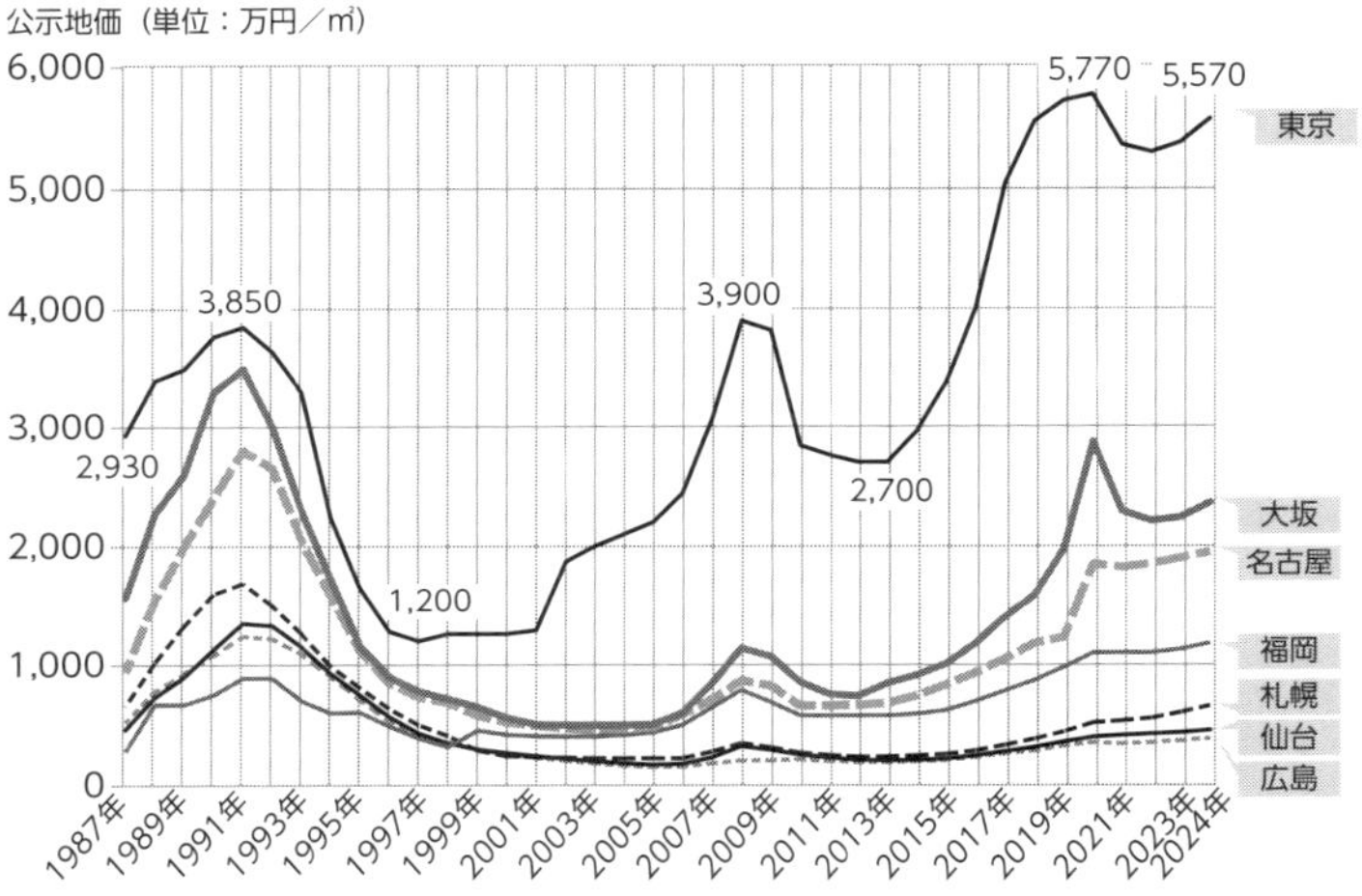

（出所）国土交通省のデータを基にボルテックス作成

できちんとした経営を行っていてこそ不動産の強みが発揮されるといえます。

不動産を、ほかの投資商品・物価と比べた場合、価格上昇率が圧倒的に高いという特徴もあります。

１９５０年からの値動きを比較してみましょう。当時に比べて現在の価格が何倍になったのかを比べると、次のようになります。

銀座４丁目付近の土地売買価格
……５０７・０倍
日経平均株価……３２８・１倍
平均給与……………32・６倍
金価格………………22・０倍

不動産とほかの商品等の価格上昇率比較（1950年からの上昇倍率）

都心商業地はほかの商品等と比べて、価格上昇率が圧倒的に高い

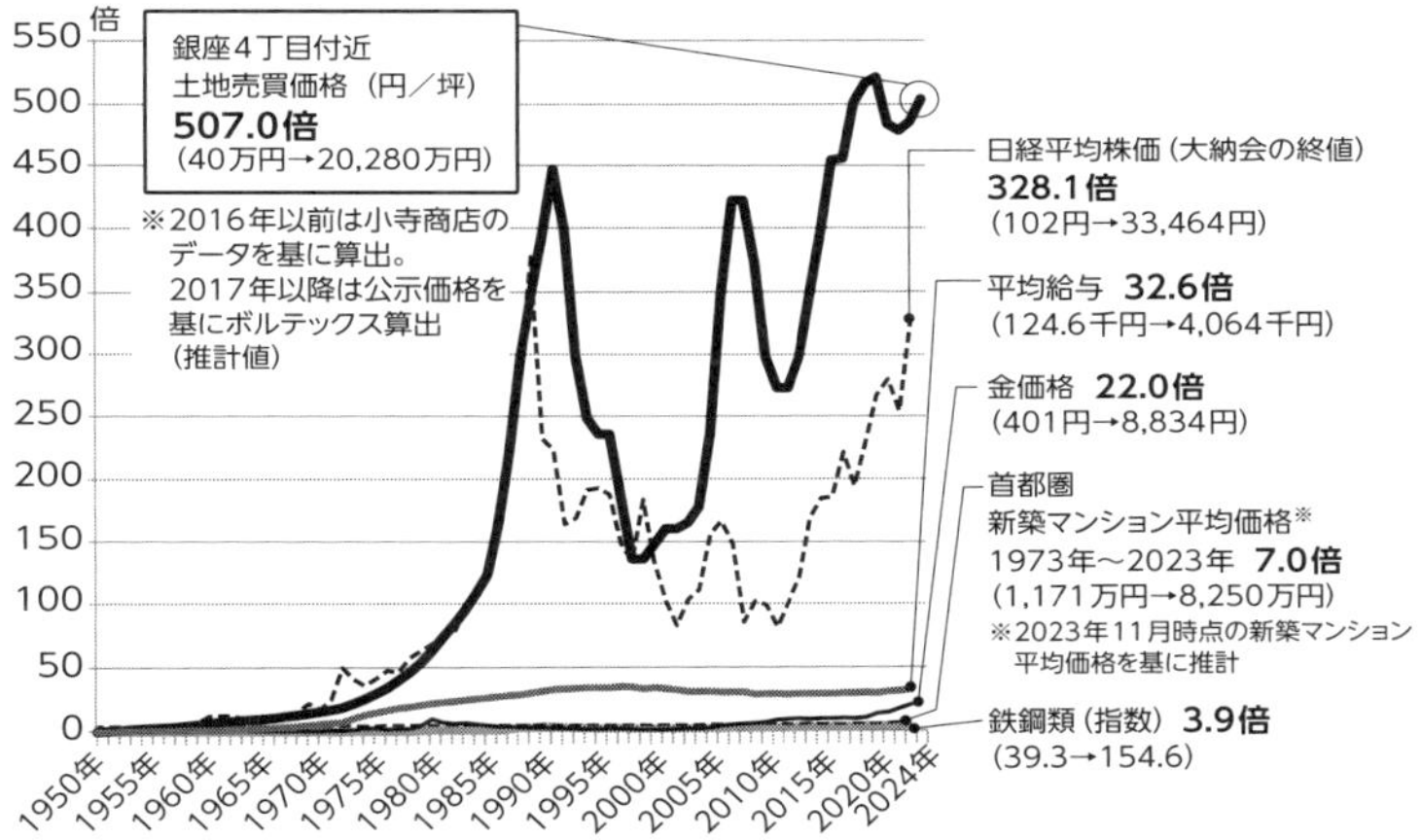

（出所）週刊朝日編、「値段史年表 明治大正昭和」1988 および「戦後値段史年表」1995、日経平均株価超長期チャート、田中貴金属、国土交通省、国税庁、厚生労働省、日本銀行などのデータを基にボルテックス作成

鉄鋼類……………3・9倍

実に興味深い数字です。不動産は買う場所さえ選べば、株式よりもはるかに高いパフォーマンスが得られます。

もちろん、不動産の場合は「銀座という飛び切り上等な場所だから、大きく値上がりしたのは当然」という反論もあるでしょう。

だからあえて申し上げますが、この事例からもわかるとおり、収益物件を所有する場合は、どこを買うかという点が極めて重要になります。

簡単に申し上げると、「地方より東京、郊外より都心、そして住宅地

地価公示価格の上昇率比較

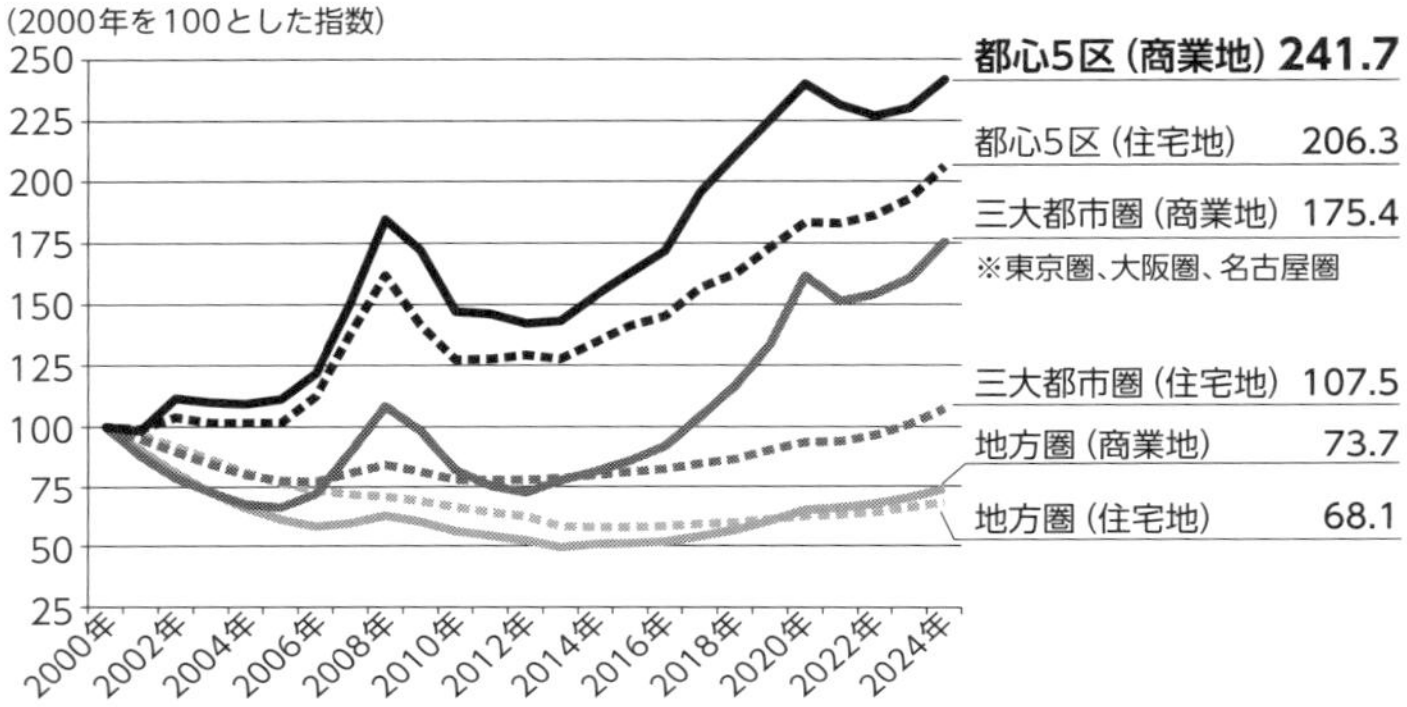

公示価格
国土交通省が毎年１回（3月）に発表。1月1日時点での国土交通省が全国に定めた標準地の１平方メートルあたりの土地の価格。不動産鑑定士が推定する。土地の売買や資産評価をする際に適正な価格を判断する客観的な目安になるだけでなく、経済の動向を示す指標にもなっている。

（出所）国土交通省のデータを基にボルテックス作成

より商業地」が、価値の上昇を期待できます。

例えば、２０００年と２０２４年の公示地価を比べてみても、都心５区の上昇率は２４１・７％であるのに対し、同じ商業地でも、三大都市圏でみた場合、その上昇率は１７５・４％でした。

また、同じ都心５区でも、住宅地になると上昇率は２０６・３％と下がります。さらに三大都市圏の住宅地の上昇率は１０７・５％でした。

一等地の収益不動産でビル賃貸事業をつくりましょう

東京一極集中時代を生き残り、100年企業になるためには、景気の良し悪しに左右されない、盤石な財務体質を構築する必要があります。

それを実現するためには、不動産を所有することです。

ただし、不動産にもいろいろあります。ポイントは、将来にわたって価値が上昇し続ける収益物件を所有することです。

それは、すでに触れたように、東京都心の一等地といわれる商業地の物件が対象になります。それもマンションではなく、オフィスビルが有利です。

つまり、ビル賃貸事業を本業とは別に行うことで、財務体質を改善することができるのです。

オフィスビルを所有できれば、毎月、安定したキャッシュフローが得られるのと同時に、取得した物件の長期的な値上がりも期待でき、安定した財務基盤を構築できます。それが、100年企業の根底を支えていくのです。

このように申し上げると、おそらくいくつかの疑問が浮かんでくると思います。

「東京の土地は今、バブルだ。いずれは東京の一等地でも地価は暴落する」

「そもそも東京都心の一等地を買えと言われても、いったい何十億円用意すればよいのか。そんなものを手軽に買えるはずがない」

いずれもよく耳にする意見ですが、そう思っていらっしゃる方にこそ、本書を手に取って、じっくりと読んでいただきたいと思います。第2章以降を読んでいただけたら、こうした疑問はなくなるはずです。

そして、本業とは別にビル賃貸事業を立ち上げることへの関心がさらに高まるに違いないと思います。

第2章

国内外から人が流入し続ける世界都市TOKYO

そもそも東京の地価は下がりづらい

「地価はずっと上がり続ける」などと言うつもりはありません。株式でも株価が一直線に値上がりを続けることなど、「絶対に」ありえない話です。不動産もそれと同じで、短期的に見れば、地価は値上がり、値下がりを繰り返します。

１９９１年から97年ぐらいまでのバブル崩壊時期は、まさにそうでした。当時は底なしのようにさえ感じた地価の暴落ですが、どこかで必ず需給はバランスを取ります。前提条件はありますが、現実問題として地価はある程度のところで下げ止まり、再び上昇へと転じました。

その前提条件とは、前述したように東京都内の中心にある商業地であることです。まさに最強の条件です。この条件に即した土地は、その時々の一時的な需給の変化によって、いくらか値下がりしたとしても、基本的には右肩上がりのトレンドを描きます。

そうです。東京の地価は下がりにくいのです。

私は、声を大にして、そう言うことができます。なぜ、そこまで自信満々に言えるのかというと、自由経済の下では、基本的にすべての価格は、需要が供給を上回ると値上がりし、需要が供給を下回ると値下がりするからです。需要が供給を上回るとは、すなわち欲しい人が売りたい人よりも多い、希少性が高いものです。そして、前述の条件に即した土地はまさにこの希少性が高いために、つねに需要が供給を上回っているのです。

日本でも地方に行くと、まだまだ広大な土地がほうぼうにあることがわかります。交通機関が整備されているかどうかにもよりますが、オフィスビルやマンション、アパートなどを建てる余地は、まだまだ十分にあります。つまり供給の余地が大きく、一方で需要が非常に小さいので、需給のバランスで言うと供給過多の状態です。したがって、地価はなかなか上がりません。それどころか、現在の水準よりも下がるおそれさえあります。

では、東京はどうでしょうか。

もちろん東京でも、中心部から離れればまだまだ空いている土地はあります。しかし、東京の中心部になると、もはや空いている土地はないといっても過言ではありません。仮に、新しいビルを建てようとしたら、古いビルを壊す必要があります。東京の中心部は、いくら需要があったとしても、それを満たせるだけの供給できる土地がないのです。その希少性は極めて高く、つねに需要超過であるため、地価は上昇しやすい環境にあります。

もっと根本的なところに触れると、この先、通貨の価値が下がり続けていくであろうということも、念頭に置いておく必要があります。

つまり、世界的にインフレが常態化するということです。通貨の価値が下がれば物価は上がり、通貨の価値が上がれば物価は下がります。

この先、通貨の価値が下がり続けていくであろうと考える理由は2つあります。

まず、通貨は永久に供給され続けるものだからです。古の昔より金（ＧＯＬＤ）が貴重だとされてきた理由は、埋蔵量が決まっているからです。またビットコインをはじめとする暗号資産も、これまで２０１８年の年初、２０２１年５月、そして２０２１年11月から２０２２年12月にかけて、その価格は大きく下げたものの、結局は暴落の後には最高値更新を繰り返し、２０２４年５月には１ＢＴＣ＝１０００万円超まで値上がりしています。

このように、幾度となく暴落を経ながらも結果的に価格が上昇するのは、その価値を維持するため、あらかじめマイニング（採掘）できる量が決まっているからです。すなわち金（ＧＯＬＤ）も暗号資産も、希少性が価格を支えているといえます。

ところが、私たちが日常の決済に用いている通貨は、紙幣であれば輪転機を回して刷ることができ、硬貨も鋳造すればつくることができます。もちろん、経済規模の拡大に対応して通貨の供給量を増やす必要があるという側面もあるのですが、実際には経済を刺激するという政策的な意図などを背景として通貨の供給量は経済規模の拡大よりも多くなりがちです。つまり通貨は、構造的にその価値に下落圧力がかかり続けるものなのです。

第２に、世界人口は今後もしばらくは増加を続けることです。１９００年の世界人口は約16億人でしたが、1950年には約25億人になり、1998年には約60億人になりました。2024年時点の世界人口は81億人ですが、今後もしばらく増加傾向をたどります。「国連世界人口推計2024年版」（World Population Prospects 2024）によれば、世界人口は2024年半ばまでに約82億人に達し、今世紀後半までの約60年間世界の人口は増え続けますが、2080年代半ばに103億人でピークを迎え、今世紀末には102億人に落ち着くと予測されています。

あと80年弱は人口が増加傾向をたどるわけですが、これも物価の上昇圧力を強めます。人口が増えれば、さまざまな消費が活発になります。人間は生きている限り、食べなければなりませんし、服も着る必要があります。ちょっと贅沢《ぜいたく》になると、車を購入したり、高級マンションを購入したりするでしょう。

どれもこれもお金がかかりますし、需給バランスで考えれば、消費が活発になればなるほど、モノの値段は上がっていきます。モノの値段が上がるということは、通貨の価値が低下するということです。つまり、物価は全体的にインフレ気味に推移していくはずなのです。

世界的にも、インフレへのパラダイム転換は、すでに始まっています。2022年、新型コロナウイルスの感染拡大が収束へと向かい、徐々に経済活動が正常化し始めました。

2020年から2022年にかけて、世界の主要都市ではロックダウンが行われ、経済活動が低迷する中で、各国の政府・中央銀行は積極的な財政出動と超金融緩和を行い、恐慌に陥るリスクを回避しましたが、それによって世の中にはたくさんのお金が出回りました。

加えて、パンデミック下においてさまざまな生産活動が抑制され、半導体など生産に必要な部品が減産されていたため、経済活動が再開されても重要な部品の調達に支障を来し、生産回復に手間取る状態が続き、そこにロシアによるウクライナ侵攻で、資源・エネルギーや小麦などのグローバルサプライチェーンが寸断されるという事態が重なりました。

いずれも物価にとっては上昇要因です。米国では一足早く、2021年4月から消費者物価指数の前年同月比が4%台に乗り、2022年6月には9・1%まで上昇しました。

米国だけでなく、欧州でもインフレが加速しました。そして、その影響は日本にも及び、あれだけ金融緩和を継続してデフレから脱却できなかった日本でも、緩やかながらも徐々にインフレの兆候が現れ、2023年4月から10月にかけて、消費者物価指数は4%台まで上昇しました。

とくに日本の場合、海外から食糧、資源・エネルギーの多くを輸入しているだけに、円安の影響が強く働きました。

問題は、日本が本格的にデフレから脱却できたのかどうかですが、マクロ環境から見て、いよいよ日本もインフレ局面に入ったと考えられます。

まだ物価上昇率には追いつけていませんが、賃金は着実に上昇しています。生産・物流の現場では慢性的に人手不足の状態になっていて、それがコストアップ要因になっています。

さらに言えば、地政学リスクの高まりも、物価の上昇要因になります。とくに西側諸国の間では、中国をグローバルサプライチェーンから外そうという動きが出てきています。これまで30年近くにわたり、日本を除く先進諸国がディスインフレ的な経済メリットを享受できたのは、中国が安い労働コストで製品を世界中に供給していたからです。その中国をグローバルサプライチェーンから外そうとしたら、物価は上昇を余儀なくされます。当然、ロシアとの関係悪化も、資源・エネルギーの調達コストを引き上げるので、やはりインフレ要因になります。

こうして、さまざまな点において世界経済はディスインフレからインフレに転換しているのです。そして前述したように、デフレに陥っていた日本においても、遅ればせながら物価上昇の兆候が見え始めてきています。

このように、全体的に物価が上昇に転じようとしている中で、お金を持っている人たちがつねに考えなければならないのは、「資産の価値を維持するためには、どこに資金を投じればよいのか」ということです。

インフレになれば通貨の価値は下がるのですから、インフレの環境下でも資産価値が維持されるものを探しておく必要があります。日本においてそれは、第1章でも触れたように、東京の一等地の不動産といえます。なぜなら、繰り返しになりますが希少性が極めて高く、需給が最もタイトだからです。

国内外から人が流入し続ける街・TOKYO

空いている土地がまったくない東京中心部に、人はどんどん集中していきます。これも、私が東京の不動産価格に強気である根拠の一つです。

国連のデータによれば、2018年の世界の都市圏の人口ランキングは、東京が3747万人で1位です。インドのデリーが2851万人、中国の上海が2558万人ですから、東京への人口の集積ぶりがよくわかります。

国連経済社会局人口部の推計人口統計「World Population Prospects, 2024 Revision」のデータから一国の人口で比較すれば、中国とインドが共に14億人程度、日本は1億2000万人程度ですから、日本は中国、インドという二大人口大国に対して10分の

世界の巨大都市圏人口ランキングと2030年推計

2018年

順位	都市的集積地域	人口
1位	東京（日本）	37.4
2位	デリー（インド）	28.5
3位	上海（中国）	25.5
4位	サンパウロ（ブラジル）	21.6
5位	メキシコシティ（メキシコ）	21.5
6位	カイロ（エジプト）	20.0
7位	ムンバイ（インド）	19.9
8位	北京（中国）	19.6
9位	ダッカ（バングラデシュ）	19.5
10位	大阪（日本）	19.2

2030年

順位	都市的集積地域	人口
1位	デリー（インド）	38.9
2位	東京（日本）	36.0
3位	上海（中国）	32.8
4位	ダッカ（バングラデシュ）	28.0
5位	カイロ（エジプト）	25.5
6位	ムンバイ（インド）	24.5
7位	北京（中国）	24.2
8位	メキシコシティ（メキシコ）	24.1
9位	サンパウロ（ブラジル）	23.8
10位	キンシャサ（コンゴ民主共和国）	21.9

（単位：百万人）

（出所）United Nations (The World's Cities in 2018) のデータを基にボルテックス作成

1弱の人口しかないにもかかわらず、東京の都市圏としての人口は世界一なのです。

では、これから先はどうなるでしょうか。日本の総人口はすでにピークアウトしており、これからは減少ピッチが速まっていきます。「日本の総人口が減少すれば、東京の人口も減少に転じる。東京は衰退する」という懸念の声も聞こえてきますが、その心配はないと私は考えています。

もちろん、2018年の数字に比べれば、デリーとの人口の差は縮んでいます。それは、インドや中国の経済が先進国にキャッチアップしていく以上、当然のことです。むしろ、私に言わせれば、2018年から12年後の2030年になっても、東京の人口がデリーや上海に追い抜かれずにいると推計されていることが驚異に映ります。

しかも、ランキング入りしているほかの国を見てください。インド、中国、ブラジルに加え、バングラデシュ、エジプト、メキシコ、コンゴ民主共和国というように、新興国ばかりです。ニューヨークやロンドンなど先進国の都市は、東京以外では一つも入っていません。この点でも、東京という都市の特異性が際立っています。

では、なぜこれだけの人々を、東京は引き寄せ続けることができるのでしょうか。

それは、おそらく東京の都市力が、ほかの都市と比べて格段に勝っているからだと思われます。

東京都が作成している「Invest Tokyo」というウェブサイトからいくつかのデータをピックアップしてみましょう。

世界の人口都市圏ランキング……第1位
世界のGDP都市ランキング……第1位
都内総生産……世界各国と比較して第18位に相当
グローバル都市指標……第4位
Fortune Global 500 企業の本社数ランキング ……第2位

世界をリードする巨大経済圏「東京」

東京圏は、ニューヨークやロンドンといった世界の主要都市圏をはるかにしのぐ人口約3,740万人の巨大経済圏。これほどの規模を持つ都市圏が日々大きなトラブルもなく、整然と運営されていることは、世界でもほとんど例のない東京の画期的な特徴といえる。2030年に至っても東京のこうした地位は依然として上位が予測されている。

世界の人口都市圏ランキング	**第1位** (2023)	世界のGDP都市ランキング (Chicago council on Global Affairs)	**第1位** (2024)
世界のイノベーティブな都市ランキング (Innovation Cities™ Index)	**第1位** (2023)	グローバル都市指標 (A.T.カーニー)	**第4位** (2023)
Fortune Global 500 企業の本社数ランキング	**第2位** (2023)	世界の都市総合力ランキング(森記念財団)	**第3位** (2023)

(出所) 東京都「Invest Tokyo」のデータを基にボルテックス作成

世界の都市総合力ランキング……第3位

Global Cities of the Future メガシティ総合評価……第10位

外資系企業数……2391社(日本全体の75%)

いろいろな都市評価で、東京はつねに上位に入っていることがおわかりいただけると思います。これは、そのまま都市としての東京の魅力が、いかに高いかを雄弁に物語っているといってもよいでしょう。

しかも、これだけの人口を抱えていながら、日々、大きなトラブルもなく、整然と運営されています。このようなケースは、世界中のほかの大都市を見ても極めて異例です。

それが、几帳面で礼儀正しいといった日本人の国民性からくるものかどうかは、明確なエビデンスがないので断定できませんが、おそらくそうなのではないかと思います。

いずれにしても、これだけの魅力がある都市だからこそ、東京には国内外から大勢の人が集まってくるのです。

東京は世界最大の経済圏～今後も進む一極集中

かつて日本は、「世界第2位の経済大国」といわれてきました。名目GDPで比較すると、日本は世界最大の経済大国である米国に次ぐ規模を、42年間もの長きにわたって維持してきたのです。

それが世界第3位に転落したのが2010年のこと。そして、日本に取って代わり、世界第2位の経済大国に上り詰めたのが中国でした。

外務省の「主要経済指標」を見ると、2023年時点の国別名目GDPの順位は、次のようになっています。

1位　米国……………27兆3609億ドル
2位　中国……………17兆7948億ドル

3位　ドイツ……………４兆４５６１億ドル
4位　日本………………４兆２１２９億ドル
5位　インド……………３兆５４９９億ドル
6位　英国………………３兆３４００億ドル
7位　フランス…………３兆３０９億ドル
8位　イタリア…………２兆２５４９億ドル
9位　ブラジル…………２兆１７３７億ドル
10位　カナダ……………２兆１４０１億ドル

中国に大きな差をつけられただけでなく、２０２３年にはついにドイツにも抜かれて世界第4位になってしまった日本の名目ＧＤＰですが、これを都市別のＧＤＰで比較すると、様子がかなり異なってきます。

米国のブルッキングス研究所が発表している都市別ＧＤＰは、次のようになります。ちなみにこちらのデータは２０１５年時点と少し古いのですが、大幅な入れ替わりはないものと考えられます。

1位　東京圏……………1兆6239億ドル
2位　ニューヨーク……1兆4922億ドル
3位　ロサンゼルス……9275億ドル
4位　ソウル・仁川……9034億ドル
5位　ロンドン…………8311億ドル
6位　パリ………………8185億ドル
7位　上海………………8095億ドル
8位　モスクワ…………7496億ドル
9位　大阪・神戸………6809億ドル
10位　北京………………6635億ドル

以上が上位10都市になるわけですが、東京はほかの都市に比べて圧倒的に大きな経済規模を有しています。

ニューヨークは、世界最大の経済大国である米国が誇る都市ですから、経済規模が大きいのはわかるのですが、国別GDPでは約7分の1しかない日本の首都、東京のほうが、ニューヨークよりも都市別GDPは上なのです。

この点でも、東京がいかに一極集中的に大きな経済規模を有しているかが、おわかりいただけるでしょう。そしておそらく、東京の経済規模は、今後も大きく膨らんでいくと思われます。というのも、日本においては、ますますベクトルが東京一極集中に向かっているからです。

具体的な事例を挙げてみましょう。

東京の経済規模が拡大すると思われる最大の要因は、国内外を結ぶ交通網の整備が一気に進むことです。老朽化した首都高速道路の再整備や、外環自動車道、圏央道を含む首都圏3環状道路の完成により、首都圏の交通渋滞が緩和し、物流の信頼性も向上します。結果、首都圏における土地活用が活発化し、世界的にも稀有なビジネス環境が整います。

新線・新駅の設置など鉄道インフラもさらに拡充されていく予定です。仮称「都心部・臨海地域地下鉄」は、JR東京駅付近から江東区の東京ビッグサイト近辺まで、およそ1キロおきに「東京駅」「新銀座駅」「新築地駅」「勝どき駅」「晴海駅」「豊洲市場駅」「有明・東京ビッグサイト駅」の7駅の新設が検討されていますし、さらに東京メトロの有楽町線も、豊洲駅から半蔵門線が乗り入れている住吉駅までの延伸が予定されています。

さらに、羽田空港へのアクセス向上を目的にして、田町から羽田空港までを結ぶ羽田空港アクセス線（仮称）の工事が始まっているほか、JR京浜東北線と東急池上線、東急多摩川線が乗り入れている蒲田駅と、京急本線の京急蒲田駅を接続する「蒲蒲線」の整備も予定されていますが、最大の注目は、やはりリニア新幹線の開通です。

これが実現すると、東京〜名古屋〜大阪が約1時間で結ばれます。当初、2027年に東京〜名古屋間が開通し、2045年には新大阪まで延びる予定でしたが、一部工区における着工が認められなかったことから、東京〜名古屋間の開業予定が2034年以降に延期されたとはいえ、いずれリニア新幹線が開通すれば、東京〜名古屋間は約40分で移動できるようになり、両経済圏の距離が一気に縮みます。結果、名古屋は東京経済圏に組み込まれるはずです。

そのとき、名古屋経済は没落するのか、それとも違う形で東京経済圏の傘下になったことをメリットとして捉え、新しい発展の形を目指すのか、今後、徐々に見えてくるでしょう。

さまざまなメディアでは、2021年に開催された東京オリンピックの後、東京の経済は大幅に落ち込むなどと報道されてきましたが、決してそうはなっていません。

シドニーでもロンドンでも、オリンピック前よりも後のほうが住宅価格の上昇率が高くなっているというデータがあるくらいです。

みずほ総合研究所（現みずほリサーチ&テクノロジーズ）が2018年7月に発表した「不動産市場は転換点にあるのか?」というレポートによれば、シドニーの住宅価格は

東京の一極集中

ベクトルは東京一極集中に向かっている

東京五輪（オリンピック）開催決定をきっかけに、東京への一極集中が加速。
今後はさらに「ヒト、モノ、カネ、情報」が東京へと集中する。

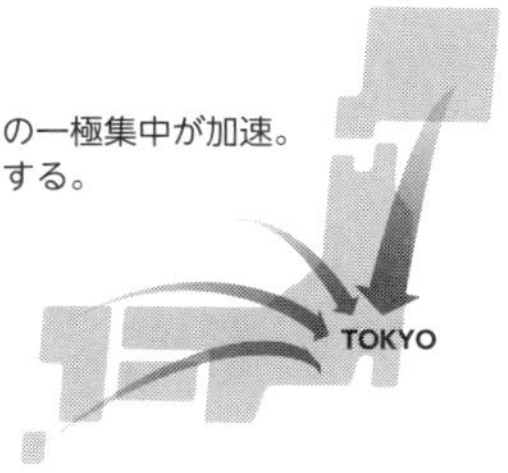

リニア新幹線開通

2034年以降に東京〜名古屋間で、その後新大阪まで延伸予定のリニア新幹線は、東京〜名古屋間を40分で結び、
名古屋も首都圏経済圏に。
⇒“ストロー現象”により、東京一極集中が加速し、より地方都市との格差が広がる

国内外の企業を積極誘致

◇アジアヘッドクォーター特区
一定の要件の下、国税・都税の軽減を受けることができる
◇国家戦略特区
特定事業を営む法人について、一定の要件を満たした場合
20%の所得控除が受けられる
⇒国内外の企業が東京を拠点に

国際ハブ空港

成田・羽田空港入国外国人数は、2006年の437万人に対し、2016年は1,008万人に
⇒10年間で2.3倍に増加
訪日外国人目標
⇒2020年に4,000万人
2030年には6,000万人

交通インフラの充実

老朽化した首都高速道路の整備や、外環自動車道、圏央道を含む首都圏3環状道路の完成により、首都圏の交通渋滞の緩和、物流の信頼性向上、首都圏における土地活用が向上し、
世界的にも稀有なビジネス環境が整う
⇒世界有数のビジネス環境に

新線・新駅の設置

東京オリンピック開催に向け、さらにはオリンピック後を見据えたインフラ整備のために新線や新駅の設置が計画されている。
1988年に地下鉄有楽町線豊洲駅、2006年には新交通ゆりかもめ豊洲駅が開業した豊洲エリアでは、人口が2008年の16,530人から2018年の37,034人へと
⇒2倍以上に増加

五輪開催後には43％の上昇、ロンドンの場合は57％もの上昇を果たしました。どちらの都市もオリンピック前から住宅価格が上がっていましたが、オリンピックが終わった後もそのトレンドに陰りは見られず、上昇基調が続きました。

第1章で触れたように、東京の公示地価もオリンピック後に下落に転じてはいませんし、今後も上昇傾向が見られると思います。

国内人口の減少をアジアからの観光客が補う

新型コロナウイルスの感染拡大が収まり、観光などで日本を訪れる外国人が増えています。

日本政府観光局（JNTO）が発表している「訪日外客統計」によれば、訪日外客数は政府のインバウンド振興を受けて2019年には3188万2049人まで増えたのが、新型コロナウイルスの感染拡大で大幅に落ち込みました。2020年は411万5828人、2021年は24万5862人にまで減少した後、2022年は383万2110人、2023年は2506万6350人まで回復しています。

さらに、2024年は3月から7月まで連続して月間300万人を超えてきました。このペースが続けば、2024年は3000万人を大きく超えてくることになります。

このように訪日外客数が回復しているのは、もちろん新型コロナウイルスの感染拡大が収束したこともありますが、折からの円安によって、海外からの旅行客が日本国内を安く旅行できるという要因もあります。為替レートの将来予測は非常に難しいものではありますが、このまま円安が続けば、インバウンド観光客はまだまだ増え続けるでしょう。

それに加え、日本から距離が近いアジアの国々の経済発展が急速に進んでいることも、日本経済にとって追い風です。

所得が増えて生活に余裕が生まれるようになれば、人々はどんな行動に出るでしょうか。安く手に入る海賊版ではなく、正規品を購入するようになり、コピーブランドではなく直営の店でブランド品を買い求めるようになります。

また、かつての日本人がそうだったように、積極的に外へ外へと旅に出かけるようになります。事実、中国だけでなく、タイでもベトナムでもマレーシアでも、今は空前の旅行ブームが巻き起こり、こぞって海外旅行を楽しんでいます。

そして日本における旅行先の一つとして高い人気を得ているのが、東京です。

北海道や大阪など外国人観光客が数多く訪れる場所はほかにもいくつかありますが、外国人が最初に訪れるのは玄関口の東京であり、その数はほかの都市とは比べものになりません。

観光庁の「宿泊旅行統計調査」によれば、2023年の都市別外国人延べ宿泊者数は1位の東京が4363万人泊に達したのに対し、2位の大阪は1875万人泊、3位の京都は1213万人泊でした。ちなみに「人泊」とは、延べ宿泊者数の単位です。

このように東京とほかの都市との間には、大きな開きがあります。

観光スポットを回り、グルメを楽しみ、たくさんのお土産物を買って帰国する。外国人観光客の旺盛な購買力は東京の経済規模を強く牽引する好材料といえるでしょう。

同じような現象が、英国でも起きています。ヨーロッパ諸国の経済力が上がるにつれ観光地としての吸引力が高まり、英国経済に好影響をもたらしました。

国内人口が減りつつある日本にとって、途上国から先進国へと向かい、豊かさを手に入れ始めたアジア諸国からの観光客は、国内人口の減少を補ってあまりあるプラス効果をもたらすはずです。

訪日外国人の数が大きく増えれば、それだけ東京を中心にして新しいビジネスチャンスが拡大します。と同時に、ビジネスシーンが東京に集中することにもなるのです。

ビジネス都市としての魅力も高まる

そして、最後の仕上げが法人税の減税措置でしょう。日本の法人に対する実効税率は、２０１４年度が34・62％でしたが、２０１８年度には29・74％まで引き下げられました。

利益の34％が税金で持っていかれてしまうと、さすがにいくら経営努力をしても、企業の国際競争力は低下してしまいます。これが20％台まで引き下げられたことにより、その分が利益になりますから、日本でビジネスを行っている企業の国際競争力は高まります。

結果、日本にオフィスを構えようと考える外国企業も増えてくるでしょう。

一時は金融機関を中心にして、香港やシンガポールにアジアの拠点を移す動きがあり、その原因の一つとして、日本の法人に対する税金の高さが挙げられていました。しかし、法人の実効税率がさらに引き下げられれば、再びアジアの拠点として東京が注目されるはずです。

しかも、東京は先に触れたように、世界の都市総合力ランキングで第3位ですし、非常に大きな経済規模を持ち合わせています。

また、マイナス金利やゼロ金利をはじめとする超金融緩和が解除され、徐々に金利水準は上がっているとはいえ、日本の金利水準はほかの国に比べるとかなり低めであることも、東京の地価にとってはアドバンテージといえるでしょう。低金利の継続は不動産市場を活性化することはあっても、負の方向には働きません。

米国では折からの金利上昇によって、コロナ禍では2％だった住宅ローン金利が、2024年5月時点で7％まで上昇しました。その結果、住宅の住み替え需要が大幅に後退し、住宅市況が冷え込んでいます。反面、日本において低金利が今後も続けば、低い資金調達コストで借り入れた資金でもって、とくに東京都の中でも希少価値の高い物件には、買いが集まります。東京の不動産取引は、これからも活況が継続するでしょう。

また、東京は世界でも例がないほど、日々、大きなトラブルもなく、整然と運営されています。衛生環境は世界でも最高レベルですし、豊富な水資源も有しています。

唯一、日本にとってネックになるのが言語で、相変わらず日本人は英語をはじめとする他国の言語が苦手です。とはいえ、いずれは自動で各国の言語が瞬時に翻訳されるようなツールが登場してくるでしょうから、さほど心配にはおよびません。

このように考えると、言語さえなんとかなれば、東京は世界ナンバーワンの都市であり続けられると思います。仮にナンバーツーになったとしても、今の水準から大幅に後退するようなことにはならないでしょう。

都市別ＧＤＰはいずれ減少するでしょうが、その下げ幅は極めて低く、ほぼ現状維持が続くものと思われます。

国際金融都市の機能を高める東京

今、世界的に地政学リスクに対する関心が高まっています。２０１６年にトランプ前大統領が中国との間の貿易不均衡を取り上げたのを機に、米中貿易戦争ともいうべき状況に突入しました。この状況は現在も変わらず、さらに台湾海峡を巡り、軍事衝突が起こるおそれも否定できません。

これまでアジアの金融センターは、東京から香港とシンガポールにシフトしていきました。最大の理由は、1990年代のバブル崩壊によって、日本経済の低迷が長引いたからです。一時は「ジャパン・バッシング（日本叩き）」ならぬ、「ジャパン・パッシング（日本無視）」ともいうべき状況となり、日本企業の魅力も大きく低下しました。

その結果、バブル期にかけて日本には多くの外資系金融機関が、新しいビジネスチャンスを期待して拠点を設けていたのが、一転して日本からほかのアジア諸国・地域に、アジアの拠点を移し始めたのです。1990年代から2000年代にかけての話です。

そのとき、拠点を移した先が、香港とシンガポールでした。そして、その後も香港とシンガポールは、アジアを代表する金融センターとしての地位を築いています。その証拠に、イギリスのZ／Yenグループが年2回公表している「グローバル金融センター指数」において、シンガポールは1位のニューヨーク、2位のロンドンに続く3位となり、香港がそれに続いています（2024年3月発表）。

そして、東京は現状19位までランクを落としていますが、今後、その地位を高めてくる可能性は十分にあるとみています。

2024年3月のランキングで、上位20位にランクインしているアジアの金融市場は、シンガポール（3位）、香港（4位）、上海（6位）、ソウル（10位）、深圳（11位）、北京（15位）、東京（19位）というように7都市が入っています。

しかし、米中対立が深まっていることに加え、中国におけるスパイ取り締まりを強化する改正反スパイ法により、西側自由主義諸国のビジネスパーソンが中国で自由なビジネスを行うことそのものに、リスクが伴うことから、早晩、中国の主要都市は金融センターとしての魅力が大きく後退するでしょう。具体的には上海、深圳、北京がそれに該当します。

加えて、これまで国際金融センターとして重要な地位を占めていた香港も、２０２０年に国家安全維持法が適用されたことにより、香港の自治の裏付けとなっていた「一国二制度」は事実上なくなり、香港は完全に中国へと組み込まれることになりました。こうなると、国際金融市場としての自由度も大きく失われてしまいます。おそらく、香港の国際金融センターとしての地位も、低下せざるをえないでしょう。

そうなると、アジアで残された国際金融センターは、シンガポールか東京ということになります。

ただ、シンガポールは中華圏であることや、外交的にも中国寄りのところがあるため、米国の信認を得られるかどうかは微妙です。

このように消去法で考えても、東京がアジアにおける国際金融センターとして返り咲く可能性は、かなり高いと考えられます。

東京の震災リスクはいえない

日本は地震大国です。2011年3月の東日本大震災は、死者1万5900人、行方不明者2520人という大被害をもたらしたことで記憶されています。それ以降も2016年の熊本地震、2018年の北海道胆振東部地震、2024年の能登半島地震など、大きな被害をもたらした大地震が生じています。加えて近い将来、発生すると指摘されている大規模地震は、南海トラフ地震、日本海溝・千島海溝周辺海溝型地震、首都直下地震、中部圏・近畿圏直下地震などがあります。

中でも南海トラフ地震と首都直下地震は、今後30年以内に発生する確率が70%といわれており、その対策は急務です。

近い将来、震災が起こるかもしれないことを想定すると、東京の収益物件を買うのは、むしろリスクだと考える人もいらっしゃるでしょう。

ただ、どのような業種のビジネスであっても、大地震が起こったとき、その影響から逃れることはできません。東日本大震災の時は、東北地方に製紙工場があったことから、出販業界は紙の手当てが間に合わなくなるというリスクに直面しました。千葉県では湾岸のコンビナート施設が火災に遭い、操業停止になりました。コンビニエンスストアの店頭から品物が消えたのに道路などの交通インフラが壊れていて、物流が滞ってしまうという事態も、そこかしこで見られました。

このように、経済活動が混乱すれば、それこそさまざまな業種のビジネスが大小の差こそあれ、影響を受けます。

しかし、不動産オーナーは、実はこの手の影響を受けにくいというメリットがあります。もちろん、震災の影響で借主が破綻するなど、どうにもならない理由で経営が悪化してしまい、契約で決められた月々の家賃が支払えないというケースは起こりえますが、基本的に、「地震などの天災に直面した場合は家賃が引き下げられる」といった契約はありえません。つまり、地震によってよほどひどいダメージを受けていない限り、継続的に家賃は支払われますし、その額が下がることもないのです。その意味では、収益物件から得られる家賃収入は、天変地異に対して実質的に強いといえます。

また、そもそも、新耐震基準に基づいて建てられた、RC工法などを用いた鉄骨のビルは、そう簡単に倒壊しません。今の耐震基準に基づいて建てられたビルならば、かなりの大地震にも耐えられる可能性はあるといえます。

建物の地震被害を予想する指標として、PML(Probable Maximum Loss)があります。これは米国の火災保険における保険情報として生まれたもので、その後、地震保険などの災害においてのリスク評価として使われるようになった指標です。

日本においても建物の評価の指標として一般に使われており、一般的なPMLの定義は、再現期間475年相当の最大地震(475年に一度の周期で起こると予想される最大規模の地震)に遭遇した場合の損害率で定義されています。

例えば、今、建築するのに10億円かかる建物があるとします。この建物が存在する場所で考えられる最大規模の地震に遭遇した際に、その建物の補修に必要な費用が最大1億円かかると予想されるときには、その建物のPMLは10%となります。新耐震基準のビルは、通常PMLが10%以下となっており、旧耐震のビルは20%を超えるものが多いです。

建っている場所の影響も大きいのですが、都心の中心にある新耐震のビルはPMLが数%程度のものが中心となっています。ですから、実は都心の新耐震のビルは、巨大な直下型地震が起きたとしても、壁が剥がれたりガラスが破損したりなどの、建物の再調達価額の数%程度の被害で済むビルが大半だと思われます。

もちろん、そうした想定を超えた地震によって都心にある収益物件自体が倒壊してしまったらどうなるのか、という問題は確かにあります。

しかし、その場合にも、倒壊した建物を撤去した後の土地に新しい建物をつくると、最初に所有したビルが中古だった場合、新築のビルになって倍の家賃で貸せるケースもありますから、むしろ所有物件の価値が上がることも十分に考えられます。

ですから、自分の所有する物件が、震災によって倒壊するというリスクはあるものの、新しい物件に建て替えることで、より高い付加価値を持たせることもできるのです。それは、東京という場所を求める人が大勢いてつねに需要超過であり、前述したように東京が極めて魅力の高い場所だからこそ、実現することなのです。

つまり、東京という特殊な場所に収益物件を所有していれば、仮に大震災が起こったとしても、それによって想定されるリスクは、かなり小さくなります。「震災リスクがあるから東京の物件はダメだ」という考え方は、いささか悲観的にすぎるのではないでしょうか。

ここでもう少し踏み込んだことを申し上げましょう。

実は地震が起きることで、東京という都市はよい意味で生まれ変わる可能性を秘めていると、私は考えています。関東大震災で壊滅した東京は、後藤新平による帝都復興の方針によって再建されました。このときの都市計画によって東京はさらに巨大都市として発展していく礎を得たのです。

第二次世界大戦後の復興も同様です。戦後、焼け野原となった東京に新たな都市計画を策定し、さらなる都市発展のきっかけとなりました。戦後70余年を経て世界最大の都市圏となった東京は、旧耐震のビルが密集する再開発の必要なエリアが数多く点在しています。こうした場所が再開発されると、集積度が増すことで周辺の不動産価格も上昇します。たとえ大規模な地震などが起こったとしても、それを奇貨として東京はさらなる発展を遂げて都市として進化することができる可能性があるのです。

建て替えによる資産価値の上昇に乗る

東京の一等地の地価が高く、なかなか下がらないいちばんの理由は、結局のところつねに需要が非常に多いことに尽きます。

現状で空いている土地が皆無に等しい状況ですし、なんといっても既存のビルオーナーは、自身のほかの事業で大失敗をして、損失を穴埋めしなければならないような状況にでも追い込まれない限り、所有している不動産を売ろうなどとは考えません。

その結果、東京の一等地はつねに需要超過の状態にあり、価格は高水準のまま推移します。

なぜ、東京の中心にある一等地を所有しているビルオーナーは、すでに大きな含み益を持っているにもかかわらず、それを売ろうとしないのでしょうか。

それは建て替えによって、さらに高い価値がつくことを知っているからです。震災でビルが倒壊しても、建て替えをすれば、さらに価値が上がる可能性があると前述したのと同じ理屈です。

ただし、そのためには条件が一つあります。それは、新たに建てられるビルが大型化していくことです。最初は小さいビルのオーナーだとしても、そのビルを含め、近隣をひとまとめにして大型の開発案件にする場合などは、まさに絶好のチャンスといってよいでしょう。古いビルを高値で買い取ってくれるケースもありますし、より高い価値で所有権の交換に応じてくれるケースもあります。

東京の都心に好例があります。今は「山王パークタワー」という高層ビルになっていますが、２０００年に開業する前、あの敷地には山王ホテルが建っていました。山王ホテルとは、かつて2・26事件の舞台にもなったホテルです。戦前は、帝国ホテル、第一ホテルと並ぶ近代的ホテルの一つとして知られ、創業は１９３２年。１９８３年に閉鎖されるまで51年にわたって営業が続けられました。

この山王ホテルを創業したのは、ある自動車整備機器メーカーのオーナー経営者。自社が持つ土地に山王ホテルを建てました。

そして、山王ホテルが1983年に閉鎖された後、その敷地はしばらく更地になっていましたが、2000年に山王パークタワーとして開業しました。山王パークタワーは自動車整備機器メーカーのほか、いくつかの企業が土地所有者になっています。

実質的な創業者である自動車整備機器メーカーが所有していた山王ホテルの敷地だけでなく、近隣の土地を所有していた複数の地主が共同で新しいビルを建てることによって、さらに高い付加価値を持つ物件につくり替えることができたのです。

山王ホテルの創業当時、あの近辺の地価は、おそらく一区画数千円程度で取得できたはずです。それが今では、一区画十数億円は下らないでしょう。

単なる不動産投資という観点で短期間で不動産売買をすると、こういう資産の増え方を経験することはできません。

この事例は、不動産を所有するに当たって、実に示唆に富んだ話です。

もし、所有している土地が商業地ではなく、郊外の住宅地だったらどうでしょうか。おそらく、相続を繰り返しているうちに、相続税の支払いで土地を切り売りすることになり、何代にもわたって土地を所有し続けることは不可能です。

高級住宅地の代名詞だった田園調布に家を持っていた人たちが、代替わりしたものの相続税を払うことができず、泣く泣く親の代に建てられた家を手放したとか、目白にある田中角栄氏の私邸が、やはり相続税の支払いのために土地を一部手放したといった話があります。

でも、東京の一等地に建てられたオフィスビルや商業地の所有権を持っている人は、建て替えのたびに資産価値が大きく増える可能性があるため、相続時に税金を持っていかれたとしても、それを十分に補うことができます。

だからこそ、不動産を所有するときは分譲マンションや戸建てよりも、オフィスビルなのです。

コロナ禍を経た後の東京のオフィスは大丈夫か？

２０１９年末から世界的に感染拡大し、猛威を振るった新型コロナウイルスは、私たちのライフスタイルを大きく変えました。

その中でも最たるものは、リモートワークの普及でしょう。

これまで働くといえば、電車などに揺られてオフィスに行き、社員がそこに集まって会議をし、事務作業をし、対面でコミュニケーションを図りながらビジネスプランを練り上げ、客先に出向いて営業をする、というスタイルが一般的でした。多くの企業が、出社してくる社員が働く場所として、大きなオフィスを構えていました。

ところが、新型コロナウイルスの感染拡大によって、従前の働き方を大きく見直さざるをえなくなりました。感染拡大を抑えるために、緊急事態宣言やまん延防止等重点措置が発出された結果、大勢の人が乗り合わせる電車などの公共交通機関を利用して出社し、大勢の社員が顔を合わせて仕事をすること自体が、感染拡大リスクを高めるとして制限されてしまったからです。

もちろん、だからといって経済活動を完全に止めるわけにはいきません。そのため、窮余の策として登場したのが、リモートワークでした。

折しも、インターネットを介したコミュニケーションネットワークが発展する中で、誰もが自宅のパソコンにカメラをつなぐか、あるいはスマートフォンやタブレットなどでも、映像を通じて相手の顔を見ながらコミュニケーションができるインフラが整備されていました。自宅でも社員同士で会議をし、自宅のパソコンなどで事務作業を行い、さまざまなビジネスコミュニケーションのツールを活用して、社員同士の情報共有を行うといったことが、比較的簡単にできるようになったのです。

そのため、感染拡大が深刻な状況だったときには、週のすべてを自宅でのリモートワークでこなすように業務命令を出す企業もありました。

こうしてリモートワークは日本においても一気に普及し、むしろリモートワークが当たり前という風潮さえ広まってきました。それは多様な働き方の実現を目指す働き方改革にも、合致するものだったからです。

リモートワークでも日常業務を行うのに支障を来さないことがわかると、多くの会社員は「わざわざオフィスに行く必要があるのか」という疑問を抱くようになります。また企業からすれば、都内で大きなオフィスを借りるだけでも多大なコスト負担になります。そのため、一部ではオフィス不要論さえ真剣に議論されるようになりました。

その結果、都内のオフィス需要は大幅に後退しました。三鬼商事のデータによると、2022年9月には、東京ビジネス地区における平均空室率が6・49％まで上昇しました。ちなみに国内で新型コロナウイルスの感染拡大が始まる前、2019年12月時点の東京ビジネス地区における平均空室率は、1・55％でした。

では、経済活動が完全に戻った現在、オフィスビル需要はどうなっているでしょうか。同じデータから東京ビジネス地区における平均空室率を見ると、2024年4月時点で5・38％まで低下してきています。それと同時に平均賃料も、2023年12月あたりから徐々に上向き始めました。

完全リモートワークでは社員間のつながりが希薄になる懸念があるため、対面でのコミュニケーションの場としてオフィスの価値が再認識され、ハイブリッド型の働き方を採用する企業も増えている中で、一定のオフィス需要は維持されているからです。

オフィス市況という面からは、この空室率の上昇による賃料低下が足かせになり、出遅れ感が目立っていたのですが、ようやく賃料が底を打ち、上昇の兆しが見えてきたので、これから出遅れ感を修正する形で、市況は強くなるとみています。

それともう一つ、オフィスを含む商業地の地価自体には、これからさらなる上昇が期待されます。

それは過去の株価と不動産価格の関係からも見えてきます。1975年1月6日の日経平均株価終値は、3717円でした。それが1989年12月29日には3万8915円まで値上がりしたのです。この間、日経平均株価は10・4倍になりました。

一方、都心5区商業地地価公示価格を見ると、1975年1月1日時点で坪あたり384万6612円だったのが、日経平均株価にやや遅れた1991年1月1日に、最高値の5855万4711円となりました。実に15・2倍の値上がりです。

この事例からわかるのは、商業地価格は株価に対してやや遅れて高値をつけ、その上昇幅は株価よりも大きいということです。

では、これからはどうなるでしょうか。

日経平均株価が底を打ったのが、２００９年3月10日の７０５４円でした。そして２０２４年7月11日には4万２２２４円まで値上がりしています。この間、日経平均株価は5・98倍に値上がりしました。

一方、東京都財務局が公表しているデータによれば、都心5区商業地地価公示価格が底を打ったのは、株価よりも先の２００１年1月1日分で、このときの坪単価は１００９万６８６０円でした。１９９１年の最高値から見ると、約6分の1まで値下がりしたことになります。そして、２０２４年1月1日の都心5区商業地地価公示価格は、２２８２万４１３２円ですから、23年間で2・3倍になりました。

前回のバブルでは日経平均株価に比べて、都心5区商業地地価公示価格のほうが高く上昇しているというセオリーが今回も適用されるとすれば、都心5区商業地地価公示価格の上昇はこれからと考えてもよいでしょう。

このように、商業地における地価の見通しから考えても、オフィスビルの市況はこれから着実によくなると考えられるのです。

第3章

【対談】コロナ後もますます高まる東京の資産価値

市川宏雄（明治大学名誉教授）×宮沢文彦（株式会社ボルテックス代表取締役社長 兼 CEO）

テレワークが普及する一方、より上質なオフィスのニーズが高まる

宮沢——　2018年に前著での対談を市川先生と行ってから、本当にいろいろなことがありました。2020年から世界的に新型コロナウイルスの感染拡大が始まり、その年に予定されていた東京オリンピック・パラリンピックは2021年に延期されました。

新型コロナウイルスの感染拡大は徐々に収まり、2023年に入ってからは経済活動も正常化に向けて動き始めましたが、2022年のロシアによるウクライナ侵攻をはじめとする地政学リスクの高まりもあり、世界的にはインフレ圧力が今も強いままです。

こうした状況下で、インフレに強い資産が注目を集めたのか、長年デフレに苦しめられていた日本においても株価は大きく上昇し、2024年3月には1989年12月のバブル期最高値をついに更新しました。本当にこの数年間で、経済環境が様変わりしてきましたが、それが不動産にどのような影響を及ぼしたのか、またこれから先、東京の不動産の資産価値がどうなっていくのかなどについて、市川先生と共に考えてみたいと思います。

市川——　まず、新型コロナウイルスによって何が大きく変わったのかといえば、ビジネススタイルでしょうね。パンデミックの最中、私たちは行動を制限され、とくにオフィス・ワー

カーは、出社することさえできなくなりました。その中で一気に市民権を得たのが、テレワークです。

もともとテレワークは、働き方改革で多様な働き方が注目を集める中で、「そういう働き方もあるよね」というくらいに注目され始めていたのですが、これが一気に普及しました。私は長年、テレワーク学会の会長を務めていますので、その行方には特段注視していました。

宮沢文彦
（株式会社ボルテックス代表取締役社長 兼 CEO）

例えば国土交通省の「令和５年度　テレワーク人口実態調査」を見ると、雇用型テレワーカーという雇用型就業者のうちテレワークをしたことがある人の割合は、２０１９年は全国で14・８％だったものが、２０２０年には23・０％、２０２１年には27・０％にまで上昇しました。とくに、東京を中心とする首都圏の上昇が顕著で、２０１９年は19・１％

市川宏雄
（明治大学名誉教授）

だったのが、２０２１年には42・3％まで上昇しています。

　こうした中で浮上したのが「オフィス不要論」です。会議も営業もオンラインでできるとなれば、企業としてはわざわざオフィスを持つ必要がなくなるのではないかということです。ただ、実態はそこまで変化することはありませんでした。

　まず、テレワークの実施頻度を見ると、新型コロナウイルスが流行する前、２０１８年から２０１９年は、週２日以下という企業が60・４％を占めていたのが、新型コロナウイルスが国内で流行した２０２０年から２０２２年までは37・８％に減りました。週３～５日の実施へ移行したからです。

　ところが、新型コロナウイルス感染症が5類に移行した２０２３年5月以降を見ると、テレワークを週に２日以下実施する割合は49・８％に増えています。

つまり、直近では約半数の企業は、週のうち2日程度はテレワークでもよいが、残りの3日ないし4日はオフィスに出社するように、という姿勢なのです。それを反映して、1週間あたりのテレワークの平均日数についても、2020年、2021年は2・4日まで増えたのが、2022年、2023年は2・3日になり、若干減っています。

そこから考えると、オフィスはまだまだ必要だというのが実情だと思われます。また、オフィスのあるべき姿については、わざわざ出社する価値がある場所にすべきであり、社員のウェルビーイングを高めるという意味から、よりよいオフィスをつくろうという動きが強まっているようです。

仕事以外の生活面においては、テレワークをするようになってから、約4割が生活全体の満足度が上がったと回答しています。ただ、個別項目を見ると、「子育てのしやすさ」や「心の健康」への満足度が上がる一方、「レジャー・余暇」や「身体の健康」では満足度が下がる傾向も見られました。

宮沢―― 富士通などは本社の出社率が2割程度まで下がったため、汐留シティセンターに置いていた本社機能を分散させて、本社オフィスをなくしましたが、この手の動きはまだごく一部にすぎないと考えています。

市川―― そうですね。確かに情報通信関連企業の場合、7割がテレワークだという数字もあって、この業種だと本社ビルを持つ必要はどこにもないと考えられるのですが、日本にある多数の企業からすると、情報通信関連企業はごく一部にすぎませんし、富士通のケースはあくまでも例外と考えてよいでしょう。

オフィスビルの空室率は横ばいで推移

市川――オフィスはまだまだ必要だというのが実情だと指摘しましたが、現実にオフィスビルの空室率がどうなっているのかを見ると、平均は6％台で推移しており、それ以上は大きく増えない状況が続いています。

この背景には、新築ビルの供給量が限定的だということもあります。東京23区の大規模オフィスの供給量は、2023年が126万㎡、2025年が136万㎡で、この2年についてはやや供給量がほかの年に比べて増えるものの、2024年は73万㎡、2026年が72万㎡、2027年は58万㎡というように、かなり減ります。

また、1986年から2022年までの年平均供給量は102万㎡でしたが、2023年から2027年までの年平均供給量は93万㎡まで減少するという推計値が出ています。

これらの数字を見ても、東京都心部におけるオフィスの市況が、大きく崩れることはないでしょう。

宮沢―― 先ほど社員のウェルビーイングを高めるという意味から、よりよいオフィスをつくろうという動きが強まっているというお話がありましたが、オフィスの使い方が変わってきたのも、最近の傾向として注目されますね。これまでは基本的に、1オフィスを1企業で使っていましたが、最近は1フロアを取引先のお客様が自由に使えるようにして、そこでコミュニケーションを図りながら、取引先と協業できるようなオフィスにする動きも出てきました。

あるいは、サテライトオフィスをはじめとする、フレキシブルオフィスも著しく増えています。確かに本社オフィスは削減したものの、社員にどこで働いてもよいという権限を与えるのと同時に、各地にサテライトオフィスを設けるようになっているのです。こうした動きも奏功して、むしろ空室率は横ばいの傾向が見られます。

2023年12月以降は賃料も上昇してきました。中でも都心の一等地は間違いなく需給がタイトになってきています。そのため賃料は当面、強気で推移するとみています。もちろん、企業業績が堅調に推移することが前提条件としてありますが、現状、都心一等地に関して言えば、不動産の需給が大きく崩れる要因は極めて少ないからです。売買相場に関しても、オフィスは株価や高級レジデンスに比べて出遅れている面がありますので、今後はオフィス賃料の回復とともに、売買価格そのものも上昇していくだろうとみています。

世界にも例がないほど、東京は各所同時で再開発が進行中

市川——　われわれ不動産を専門に研究している者が注目しているコロナ後の動きとしては、これから東京都心の再開発が大きく進むことがあります。現在、東京のライバル都市であるロンドン、ニューヨークでも再開発の動きがあるのですが、それらに比べて東京の再開発は量も質も突出しているのです。

まず、都心のあらゆる場所で同時進行的に再開発が進んでいます。これは東京だけにしか見られない現象です。ロンドンの場合、中心の3分の2が保存地区なので、再開発ができるとしても東側、南側、西側に限定されますし、ニューヨークは新たに開発できる大規模な土地がそもそもないので、ミッドタウンの西側にある鉄道のヤードを開発しています。いわゆるハドソンヤード開発ですね。後は既存の高層ビルをさらに超高層化した、スーパー超高層ビルがあちらこちらに出現しています。そういう点でも、東京はさまざまなところで大規模な再開発ができるという、非常に恵まれた環境にあります。

これには実は理由が2つあって、まず1つ目は、東京は関東大震災と大空襲で2度、焼け野原になったため、保存すべき歴史的建造物がほとんどありませんし、戦後に建てられた建物が老朽化によって一斉に建て替えるタイミングになっているからです。

しかも、2002年に小泉政権下で進められた「都市再生政策」において、バブル崩壊によって悪化した経済を活性化させる目的で、再開発の規制緩和が大きく進められた結果、至るところに超高層ビルが建てられるようになりました。

2つ目の理由は、これは東京という都市の特徴なのですが、東京駅から6キロ圏内という都心に中心地区がたくさんあることです。これはほかの国の都市には見られません。そして、それぞれの中心地区を山手線や地下鉄がつなぐ構造になっています。

それらの中心地区において、再開発が今、同時進行で進んでいるのです。具体的に言うと虎ノ門・六本木周辺、日本橋、その合間に四谷や麹町などです。

そうした計画の大本をたどると、2001年に東京の開発をどうするかについて東京都が都市計画審議会の中に特別委員会を設置して話し合い、「センター・コア・エリア」といって、都心3区を都心9区に広げるというプランをつくり、規制緩和を行ったことがあります。私もその策定に関わったメンバーですが、今の東京都心における再開発は、何も昨日今日いきなり始まったものではなく、実は今から20年前にその道筋がつくられていたのです。

そして、この動きはそれからさらに加速していきます。

2027年には常盤橋エリア再開発の核である東京トーチが落成して、東京駅の北側、さらに東京ミッドタウン八重洲に始まる京橋エリアへの開発によって、八重洲側が大きく変わります。このエリアではAクラスビルだけでなく、ほかにもどんどん新しいオフィスビルができてくる予定です。

これに加えて進められているのが、日比谷・内幸町の再開発で、帝国ホテルを核として新たな街区が整備されます。また、都心の西側では国立競技場、神宮球場から青山通りに至るまでのエリアで神宮外苑の再開発も行われています。そして、渋谷駅周辺の再開発事業が後半戦に入ってきています。

また、虎ノ門・六本木については麻布台ヒルズの完成でほぼ終わったのですが、これから第2六本木ヒルズ計画がスタートします。その結果、東京駅から虎ノ門・六本木までが帯状につながって、Aクラスビルが立ち並ぶオフィス街を形成していくことになるのですが、このようにたくさんのAクラスビルが建つと、通常はその周辺にも新しいビルがつくられていきます。

東京の副都心ともいわれる新宿については、街全体の再開発は難しいのですが、駅を中心にして、西南口地区を京王とＪＲが、西口地区を小田急と東京メトロ、東急不動産が開発中ですし、南の玄関口である品川方面はＪＲが開発を進めていますが、その延長線上には高輪側の開発も入ってきます。

このように都心部の再開発が各所で行われると、今度は玉突きで周辺地域にも再開発の動きが波及していきます。その代表的なものとしては、ベイエリアの再開発です。すでに築地の再開発が動き出していますが、この築地からベイエリアにかけてが、２０３０年代から２０４０年代にかけての、東京都心における再開発の目玉になっていくと考えられます。

いずれにしても、20年以上前に行われた規制緩和の効果が非常に大きく、今日の再開発の動きにつながったのだと思います。

民間主導の再開発プランのクオリティが高まっている

宮沢――　本来、規制は無秩序な開発を防ぐのが目的ですが、東京の再開発は規制を緩和して、民間事業者に開発を委ねた結果、実は経済合理性にのっとってよいビルが建ち、その周辺によい街ができあがるという非常によい循環が生まれています。規制の網をかけるよりも、民間に開発を委ねたほうがおそらく正しい結果を生むことができますし、アセットの価値も上昇するはずです。

市川――　行政による規制という点では、2030年から2040年にかけて行われる予定のベイエリア開発でも課題になる可能性があります。

この地域の開発の意義は非常に大きいのです。例えば、築地の再開発でスタジアムができると、かつての東京都庁跡地に建っている東京国際フォーラム、有明の東京ビッグサイトと共に、3つのMICEが揃うことになります。

MICEとは「M（Meeting：会議）」「I（Incentive Travel：企業等が行う報酬・研修旅行）」「C（Convention：国際機関や団体、学会などが行う国際会議）」「E（Exhibition・Event：展示会や見本市、イベント）」の頭文字を使った造語であることはご存じかと思いますが、現在、日本はMICEの誘致を積極的に進めており、それに必要な会場が3つも東京都心に揃うことになります。それにより、周辺の開発が進む中で、ベイエリア開発が進んでいくのです。

ところが、開発を進めるに当たって問題となっているのは、ベイエリアの多くの土地は東京都の持ち物になっていて、そう簡単には手放さないだろうということです。

宮沢―― 先ほども申し上げたように、民間に任せたほうが経済合理性にそった開発が進むように思えるのですが、それなのになかなか東京都が手放さない理由は何なのでしょう。

市川―― 現状、都の財産である以上、これを手放すにはかなりの勇気が必要でしょう。自分が売却を決断し、それが失敗だということになったら、自分たちが責められます。だから、できるだけ売却する決断を先に延ばしたい。そういう意識がどうしても働くため、なかなか都が持っている土地を手放せない。結果、70年という極めて長期の貸借契約を民間事業者と結んで、開発を行うことになります。

そして、この賃料が結構高いので、民間事業者は東京都の土地を借りて、そこに建物を建てて貸し出したとしても、赤字になるリスクがあります。だから、できることなら東京都が持っている土地を民間事業者に売却するのが理想ですが、それが難しいのであれば、行政が持っている権限を緩めればよいのです。

東京都が所有している土地に関して行政が持っている権限とは、容積率です。本来、容積率には絶対的な根拠はなく、時代の要請で変わってきていますから、容積率を緩和すると同時に、例えばその周辺も含めて街並みを綺麗に整備してもらいたいといった条件を付加して、開発を民間事業者に委ねるのです。

当然、そのためには民間事業者の側にも良識が問われます。民間事業者に任せた結果、乱開発のような状況になったら、再び規制が強まってしまうおそれがあります。民間事業者が良識と経済合理性にのっとって、誰にとっても利用しやすい、魅力的な街を整備する必要があります。

その点では、ここ最近の民間主導の再開発の実例を見ていると、国内外のデベロッパーが参加するコンペなどを通じて厳しい競争を勝ち抜いてきていることもあって、まさに良識と経済合理性にのっとった街づくりが実現されているように思います。これは好循環といってもよいでしょう。結果的によい街ができれば世界からの投資も集まってきます。

宮沢—— やはり東京の場合は、開発することによって新たに生み出されるバリューが抜きんでているから、そうした街づくりができるのだと思いますね。最近、地方の百貨店が次々に倒産していて、そこに入っているブランドからすれば、やはり東京に旗艦店を持ってこなければダメだという考えに、確信を持つようになってきました。GINZA SIXの売上高が今、とんでもない状況にまで増えているのですが、まさにそういう構図があるからでしょうね。

地方がますます厳しくなる一方で、東京というブランドがどんどん強くなっていく。そこに国際基準の厳しい競争で鍛え抜かれた開発力が加わりますから、ますます東京というブランドが強化されていきます。そうした結果、外国人もさらに東京に注目するようになるという流れが、いよいよ本格的になってきた気がします。

金融センターとしての実力は、東京が世界3位

宮沢―― 東京というブランドがますます強くなっていくと、バブル崩壊後の30年間で香港、シンガポールに移っていったアジアの金融センターという地位が、再び東京に戻ってくる可能性もあるのではないかと考えています。そのあたりはいかがでしょうか。

市川―― 新型コロナウイルスの感染拡大で、世界中の主要都市がロックダウンした結果、疲弊してしまいました。ところが、東京はこれをうまく乗り越えたという事実があります。そのため、東京に対する海外からの関心度合いは、これからますます高まっていくでしょう。

では、東京がこれから再びアジアの金融センターになれるのかどうか。

まず、世界の都市総合力ランキング（Global Power City Index、ＧＰＣＩ）の最新の結果である２０２３年版では、１位がロンドンで2位がニューヨーク、そして3位が東京になっています。

世界の都市総合力ランキングというのは都市ランキングとして世界的に認められている指標ですが、森記念財団都市戦略研究所が２００８年から公表しているものです。

世界の都市総合力ランキング（Global Power City Index、GPCI）

東京はロンドン、ニューヨークに次いで3位

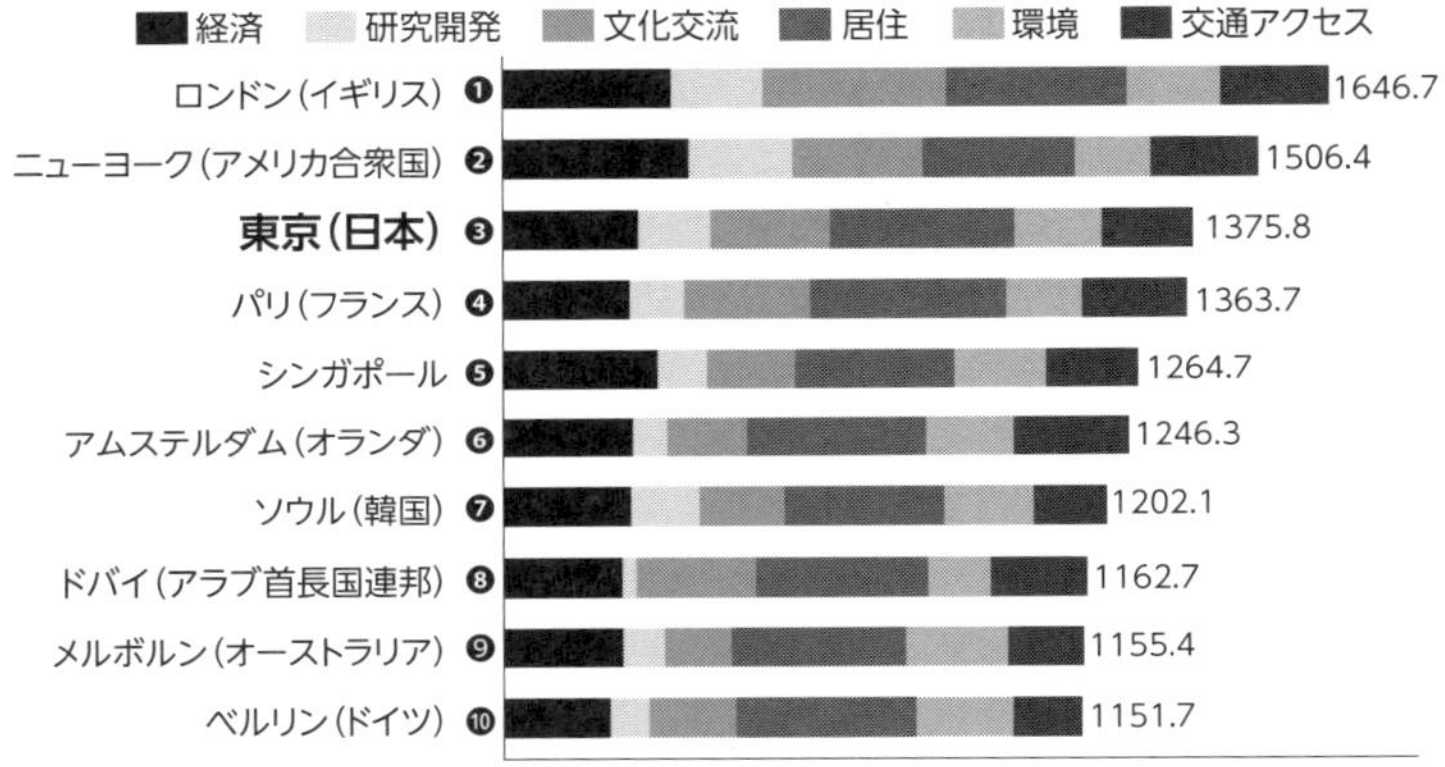

（出所）森記念財団都市戦略研究所のデータを基にボルテックス作成

森記念財団都市戦略研究所は竹中平蔵氏が所長、私も業務担当理事として、このランキング作成の委員会の委員長を務めているのですが、そもそもそうした指標をつくろうと考えた理由は、２００８年当時、世界の都市ランキングで存在していたのは、国際金融センターランキングとビジネス都市ランキングだけで、都市の総合力の実情を示すことができていないと考えたからでした。

そこで、都市の総合力という観点からランキングするために、世界の48都市を対象にして、経済13指標、研究・開発8指標、文化・交流16指標、居住14指標、環境9指標、交通・アクセス10指標で総合力をランキングして公表することにしたのです。

宮沢― 非常に意義がある試みですね。

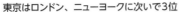

世界の都市総合力ランキング（Global Power City Index、GPCI）

東京という都市の強みと弱み

偏差値変化　2018⇔2023　（±1以上の変化）

強み さらに 偏差値UP 6指標

経済	従業者数
研究・開発	研究開発費
文化・交流	国際コンベンション件数
	文化イベント開催件数
	ホテル客室数
	食事の魅力

弱み だが 偏差値UP 4指標

文化・交流	コンテンツ輸出額
居住	メンタルヘルス水準
環境	再生可能エネルギー比率
	リサイクル率

強み だが 偏差値Down 8指標

経済	GDP
	世界トップ500企業
研究・開発	研究者数
	特許登録件数
文化・交流	買物の魅力
居住	小売店舗の多さ
	飲食店の多さ
交通・アクセス	公共交通機関利用率

弱み さらに 偏差値Down 17指標

経済	GDP成長率
	賃金水準の高さ
	優秀な人材確保の容易性
	法人税率の低さ
研究・開発	留学生数
文化・交流	世界遺産への近接性
	ナイトライフ充実度
	ハイクラスホテル客室数
	外国人居住者数
居住	働き方の柔軟性
	社会の自由度・平等さ
	ICT環境の充実度
環境	緑地の充実度
交通・アクセス	国際線直行便就航都市数
	空港アクセス時間の短さ
	通勤・通学時間の短さ
	自動車の移動速度

（出所）森記念財団都市戦略研究所のデータを基にボルテックス作成

市川――もちろん私は東京を応援したいところですが、客観的にデータを並べて分析してみると、総合力でもなかなかロンドンとニューヨークを抜けず、オリンピックで大きくランクアップするのではないかと期待されていましたが、東京オリンピックが1年延期され、かつ無観客だったことから、ロンドンやニューヨークを追い抜けるところまではいかなかったという舞台裏の事情もありました。

では、これから先、東京の世界都市総合力ランキングを上げていくにはどうすればよいのかについては、一覧表の中で「弱み」としてDownとなっている17指標を、どう改善させていけばよいのかについて考える必要があります。

中でも早急に対処すべきだと思えるのが、ハイクラスホテルの客室数を増やすことでしょう。現在、世界で20位です。実は、ホテルの客室数自体は世界トップで、これが東京の強みでもあるのですが、残念なことに、世界の富裕層が来日して満足できるようなハイクラスホテルが、まだまだ不足しています。

これは東京だけではなく、日本という国の重点課題とも重なるところがあるのですが、結局のところ日本においても東京においても、「海外から資本や人材をどれだけ誘致できるか」が今後の進歩において大きなカギを握っているといってもよいでしょう。

では、この課題を解決するためには何が必要かというと、一つは外国資本の参入障壁の解消です。これはもう長年にわたって指摘されていることですが、日本は自国を守るために、さまざまな規制をかけています。具体的には法人税率の高さを見直し、行政手続きの煩雑さや規制・許認可制度をシンプルに改善していくことが必要です。

そのほかには、留学生や外国人の暮らしやすさを改善するために、多言語化やインターナショナルスクールなどの環境整備が求められますし、世界基準で見て多様な働き方がで

金融分野における世界の都市ランキング（GPCI-2023 金融センター）

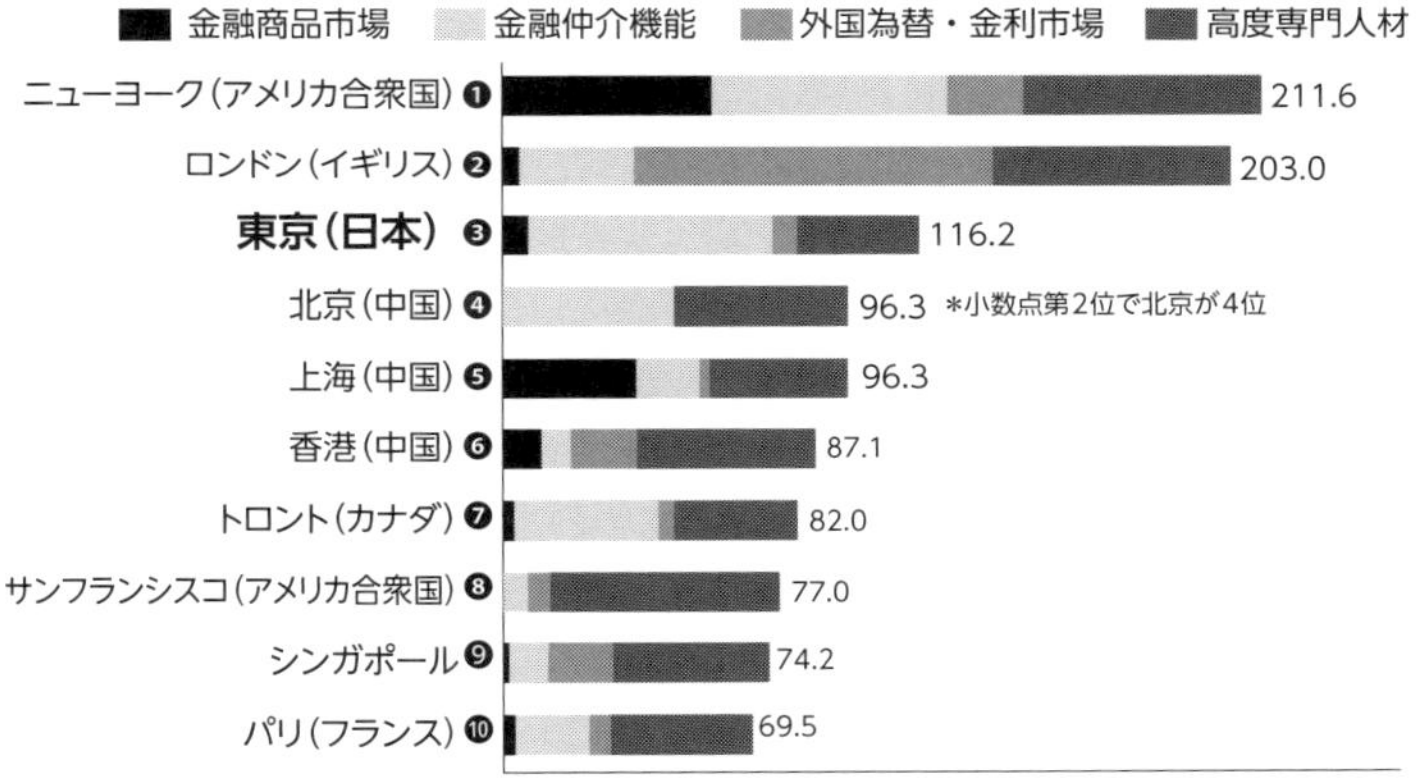

（出所）森記念財団都市戦略研究所のデータを基にボルテックス作成

きるように環境を整えたり、ダイバーシティ社会への一層の取り組みが求められます。

宮沢―― なるほど。

市川―― そして、先ほど宮沢社長がおっしゃった、東京が再びアジアの金融センターになれるかどうかという点についてですが、世界の都市総合力ランキングの2023年版では、「GPCI-2023 金融センター（GPCI-Financial Centers）」というランキングも初めて公表しました。

これは、グローバルな金融システムの中で各都市が有する金融センターとしての特徴や強み・弱みを明らかにするために、世界の都市総合力ランキングの6分野（経済、研究・開発、文化・交流、居住、環境、交通・アクセス）に、「金融」分野を加えた合計7分野で、国際金融センターとしての競争力を複眼的に評価し、順位付けを行ったものです。

このランキングでは上場株式時価総額や株式市場売買代金を考慮した「金融商品市場」、大手銀行本店や世界トップ年金ファンド、世界トップアセットマネージャーなどを考慮した「金融仲介機能」のほか、「外国為替・金利市場」「高度専門人材」という4つの観点から、世界の主要都市をランキングしています。

それによると、東京のポテンシャルが極めて高いことがわかりました。どういうことかというと、確かに外国為替・金利市場では、シンガポールや香港に見劣りするのですが、例えば金融商品市場や金融仲介機能、高度専門人材といったパッケージで見ると、東京はシンガポールや香港に対してまったく見劣りしていないことがわかったのです。ちなみにこのランキングの上位5都市は、1位がニューヨーク、2位がロンドン、3位が東京、4位が北京、5位が上海となっています。

今後はさらにフィンテック企業を集積させることが必要

宮沢――「GPCI-2023 金融センター」で、東京のランキングが3位となった要因は何だったのですか。

市川──　まずニューヨークが強いのは、金融商品市場が非常に大きいことが挙げられます。金融仲介機能も強い。対してロンドンですが、金融商品市場や金融仲介機能はそれほどでもないのですが、圧倒的に大きいのが外国為替・金利市場です。

では東京はどうなのかというと、金融商品市場の規模はニューヨークに敵うはずがなく、外国為替・金利市場ではロンドンよりもはるかに小さいのですが、金融仲介機能という点でニューヨーク並みの規模を持っています。

これらの総合力という点で、北京や上海、香港、シンガポールよりも優位に立っているのが、今の東京です。アジアの金融センターの役割を担ううえで、東京が持つポテンシャルは大きいと考えています。

宮沢──　とはいえ、東京が圧倒的に有利ということはなく、北京とは僅差ですし、上海や香港、シンガポールと比較しても、少し気を抜いたら、すぐに追い抜かれてしまうかもしれないという印象は受けます。

市川──　そうです。まさに綱引き状態にあるというのが正確なところです。そのうえで東京を、アジアの金融センターにするにはどうすればよいのかについて、考える必要があります。

そして、この件に関しては、「『国際金融都市・東京』構想に関する有識者懇談会」でも議論を尽くしました。私もこの懇談会のメンバーですが、具体的に申し上げると、東京の課題に関する6つの論点・最優先分野ということで、①国内金融市場活性化、②インバウンド、③アウトバウンド、④デジタライゼーション、⑤役割明確化・分担、⑥その他、について議論したわけですが、諸外国と比べて日本が大きく劣るのは、フィンテック企業の数が非常に少ないことです。

2015年から2023年までに、日本におけるフィンテック企業の数は49％増であり、シンガポールの46％増、香港の40％増、上海の33％増に比べても伸び率は高いのですが、絶対数が少ないのです。日本のフィンテック企業数は94社ですが、シンガポールは382社、香港は230社、上海は121社もあります。

またイギリスは1206社、ニューヨークは990社もあり、これらを抜くのは容易なことではありませんが、せめてアジアの金融センターを東京が担うつもりであるならば、絶対数でもシンガポールや香港を抜くくらいの社数は必要です。

そのためには、東京にフィンテック企業を集積させる必要があります。ここがいま一つ、日本政府も積極的に打ち出していないようで、例えば2024年6月にスタートさせた「金融・資産運用特区」を東京だけでなく、大阪、福岡、北海道にも設けようとしています。

政策の全国バランスはともかく、本当にアジアの金融センターとなれる仕組みとリソースを東京に集約させなければなりません。

ただ、期待は十分にできると思います。Z/Yenが実施する国際金融ランキングであるGFCIでは19位でしかなかった東京が、GPCIのランキングでは3位にまで浮上したのですから、それこそ投資家が来たがるような街にできれば、東京は十分にアジアの金融センターとしての地位を確保できると思います。

宮沢—— そうですね。順位もさることながら、総合的に見てこれまでと今とでは、何がどれだけ違ってきたのかという点が重要だと考えています。

その点で申し上げると、全世界的に上位の都市は成長し続けています。かつお互いに相関していると言いますか、1位の都市が伸びると、2位、3位の都市も成長していく。そういうイメージがあります。

実際、2024年7月の東京株式市場では、東証プライム市場の時価総額が初めて1000兆円を超えてきましたが、これを引っ張っているのは外国資本です。こうした外国のお金によって、日本の銀行や証券会社が潤っている。そのバックグラウンドにはこの30年間、企業が地道な努力を続けてきて、かつ2023年3月には東証が思い切った市場改革を実施したことなどがあります。

このように、過去と比べて東京がどんどんよくなってきているというのが私の実感で、加えて投資のスキームも、私たちのように外国ファンドと組みながら国内不動産に投資するなど、バリエーションがどんどん広がってきています。今後はセキュリティ・トークンなどさらなる小口化も進んでいくでしょうし、かつては私たちだけではとても投資できないような不動産も、今はさまざまな投資家と協業することによって、投資できるようにもなっています。

今後は、セキュリティ・トークンの仕組みを活用して、より小口の資金でも、東京の不動産が持つ価値に投資できるようになりますし、その意味でも、ますます東京の投資妙味は高まっていくと考えています。

世界の投資マネーが東京の不動産に集まっている

宮沢――　インフレを心配する声もあるので、その件についても少し触れておこうと思います。貨幣価値の下落をインフレというのであれば、歴史の中ではむしろインフレでない期間のほうが少ないくらいです。管理通貨制度の下では無限にお金を刷り続けられるので、お金は常に供給過多の状態にあります。つまり需給バランスで考えれば、通貨の価値は下がらざるをえません。人が増え続ける限り、お金も増え続けるのです。

この通貨の価値の下落が強めに出たときがインフレであり、お金の逃避先として希少価値のあるものが注目されるようになります。それは絵画かもしれませんし、時計かもしれない。あるいは大都市の中心部にある土地かもしれません。なぜなら、そうした土地というのは、どの国でも埋め立てをするか、もしくはスクラップ&ビルドをしない限り、新しく生まれませんから、常に需要過多の状態にあります。大きな国の大きな都市の不動産こそが、最も注目すべき「供給が困難な資産」であり、その所有権を持つことが、最大のインフレリスクヘッジになると私は考えています。

市川――　新型コロナウイルスの感染拡大が起こる前、2018年時点では、東京の不動産投資は世界でもトップクラスでした。

米国のシカゴに本拠を置くジョーンズ ラング ラサールという世界最大級の総合不動産サービス会社の調査によると、世界の都市別投資額ランキングでは、東京が2022年の通年で16位まで落ちたのですが、2023年第1四半期には世界2位まで回復し、現在は世界でトップの投資金額を集めています。投資額自体もコロナ前の水準に戻りました。それだけ世界の投資マネーが、東京の不動産に集まっている証拠です。

これには明確な理由があると思います。何といっても日本は社会情勢の急激な変化がない、極めて安定した国です。

かつ外国人に対する追加課税や、不動産取得規制がなく、そもそも都心部の一流物件の価格が、諸外国の主要投資対象に比べて圧倒的に安いのです。そのうえ円安が進んでおり、都心部の不動産利回りが2・5％程度確保できます。世界の投資家にとって東京の不動産は、このうえなくよい投資条件が揃っているのです。

宮沢──　外国の投資家にも2種類あって、一つは短期筋。もう一つは年金資金を中心とした長期投資家です。短期筋はその時々でよいと思われる不動産を取得し、値上がりしたら売却を繰り返していますが、長期投資家は未来永劫、手放さずに済むような不動産を買ってきます。

このうち本当に強いのは、やはり長期投資家です。不動産事業者でも、開発案件を手がけて、それを転売して利益を得ているようなところは、経済がクラッシュしたときに、もろにダメージを受けますが、長期的に街を開発しているような不動産事業者は、まず失敗しません。

そうなると結果的に、外資系の年金や日本の大手不動産事業者にばかり最良の物件が集まってしまい、大手と個人の間に富の偏在が生まれてしまいます。

この偏在した富を再分配するのが、私たちのミッションだと考えています。
本日は大変興味深いお話をお聞かせくださいまして、本当にありがとうございました。

第4章

安定的収入源としての不動産賃貸事業の魅力

「複利のチカラ」を生かせる不動産賃貸事業

不動産を資産ポートフォリオに組み入れることの魅力は、なんといっても複利効果が得られることです。資産を増やすうえでぜひ覚えていただきたいのが、単利と複利です。

・単利

単利とは、一定期間の運用によって得られた収益を受け取り、元本を期首の額に戻したうえで、さらに一定期間運用することを繰り返します。

具体的な数字を用いて計算してみましょう。金利が年5％で、100万円を10年間運用した場合を想定します。

1年目で受け取れる収益は、100万円に対して5％ですから5万円です。

2年目も5万円、3年目も、4年目も、それぞれ5万円ずつ収益を受け取っていきますから、10年間で得られる収益合計額は50万円です。簡単な足し算です。

・複利

では、同じように100万円を10年間、年5％の金利で複利運用したらどうなるでしょうか。

複利運用では、一定の運用期間中に得られた収益を受け取らず、元本に加算して運用を継続していきます。同じ年5％の金利でも、運用期間を経るたびに元本が増えていくため、より大きな収益が得られます。これも計算に当てはめてみましょう。

1年目の運用で、元利合計額は105万円になります。

2年目は、この105万円を元本として年5％で運用しますから、2年目が終わったときの元利合計額は110万2500円になります。これが単利だと、2年目の元利合計額は110万円ですから、複利運用のほうが2500円、余計に増えることになります。これが複利効果です。

この複利効果は運用期間が長くなるほど高まります。この条件で10年間、複利運用を続けた場合、10年後の元利合計額は162万8895円になります。10年間、単利運用した場合の元利合計額は150万円ですから、複利効果がいかに大きいものであるか、おわかりいただけるのではないでしょうか。

さて、そこでもっとすごい事例を見ていただきたいと思います。米国のニューヨークは、マンハッタン島の話です。

1626年、アメリカの先住民族は、オランダからの入植者に対して、わずか24ドル相

「複利」のチカラ

マンハッタン島とアメリカの先住民族

1626年、アメリカの先住民族は、オランダからの入植者にわずか24ドル相当分の装身具やビーズで現在のマンハッタン島を売却したという逸話がある。
いまや、そのマンハッタン島の価値は1兆ドル以上に達するといわれている。

マンハッタン島の利回り
6.47%

※24ドルを元手に390年間複利運用して資産を1兆ドルにするための利回りをrとして「$24\times(1+r)^{390}=1$兆」で算出

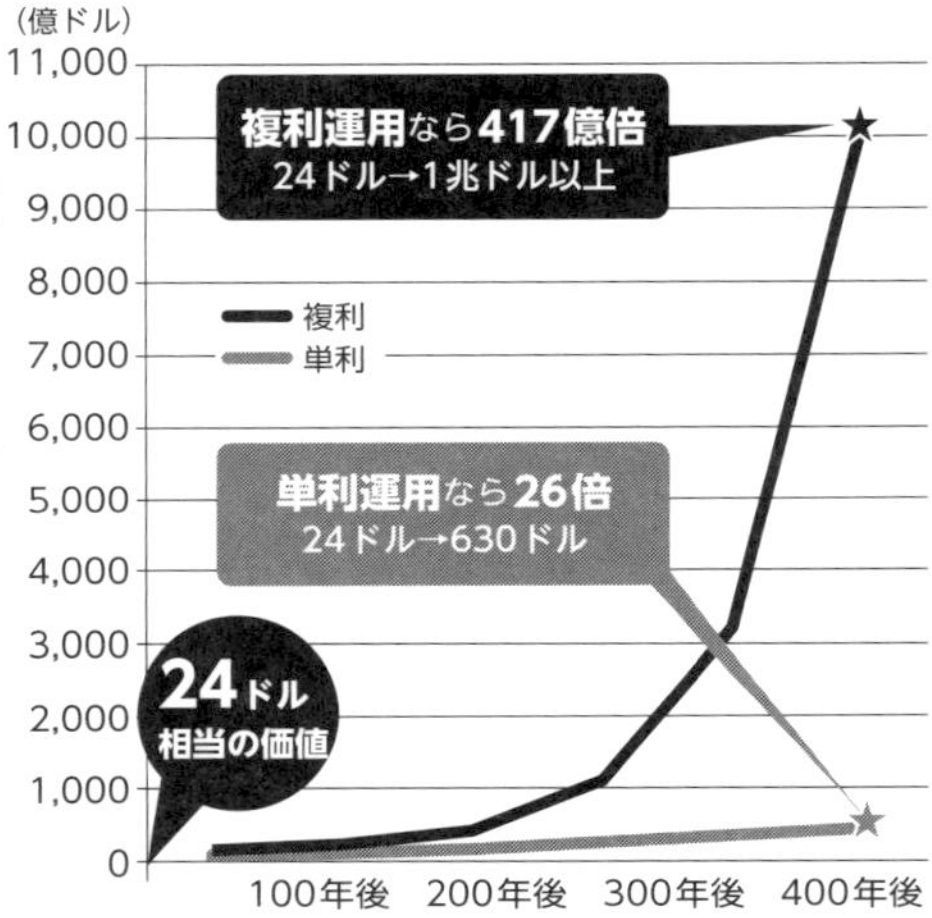

当分の装身具やビーズで、現在のマンハッタン島を売却したという逸話が残されています。

そこから３９０年を経た２０１６年時点におけるマンハッタン島の価値は「１兆ドル」といわれていますので、ここでは１兆ドルということで計算してみましょう。３９０年間で24ドルが１兆ドルになるためには、年何%の金利で運用すればよいのかという計算です。

この事例を１年複利の計算式に当てはめると、年６・47%の金利で運用すれば、24ドルが３９０年間で約１兆ドルになることがわかります。

６・47%という金利は、確かに今の日本のような超低金利社会においては、とても高く感じますが、それほど滅茶苦茶に高いほどではありません。何しろアメリカでは1980年代に、2ケタの金利をつけたときさえあったのですから。年6・47%でも、これだけ資産価値が大きく膨らんだ最大の理由は、やはり複利にあるのです。

・単利と複利の比較

わかりやすいように金利を年5%として、オランダ人がアメリカの先住民族からマンハッタン島を24ドルで購入してから100年後に、単利と複利とではどれだけの差が生じるのかを比較してみます。

単利の場合、24ドルが100年後には144ドルになります。6倍です。

これに対して複利の場合、同じ24ドルが100年後には3156ドルになります。約131倍です。

余談ですが、相対性理論で有名なアルベルト・アインシュタインは、複利運用のことを「人類最大の発見」「宇宙で最強の力」と言ったそうです。

誰もが、資産を持っている以上、それを少しでも大きくしたいと願うはずです。それならば、人類最大の発見である複利運用を利用しない手はありません。その複利運用がビルトインされている不動産は、最強の資産といってもよいでしょう。

希少性の高い資産が価値を維持できる時代に

株式、国債、現金、不動産というように、資産にはさまざまな種類があります。保有していて安全な資産はどれだと思いますか。

株式は日々、株式市場で形成される株価によって価値が変わっています。確かに、株式投資は預貯金に比べて高いリターンが期待できますが、株価は値上がりするだけでなく、値下がりすることもあります。100万円で買った株式が、50万円になることもあるのです。

もちろん不動産も、株式と同様に価格が変動します。ですから、値下がりするのは絶対にいやだという人はこうした資産には手を出しません。

国債はどうでしょうか。国債とは、政府が発行する借用証書の一種です。政府が元利金の支払いを約束してくれます。ただし、それは国の財政が破綻しない限り、という前提条件があって成り立ちます。ブラジル、アルゼンチンなど、過去において国が財政破綻に陥り、国債の元利金支払いが滞ったケースが、幾度となくありました。

日本政府が発行する日本国債なら安全でしょうか。確かに、今のところ日本国債の元利金支払いが滞る事態は生じていません。とはいえ、日本は先進国の中でも、最も大きな財政赤字を抱えている国です。日本政府が元利金の支払いを約束しているからといって、どこまでそれを信頼してよいのか、疑問に思う人もいるはずです。

ちなみに、第二次世界大戦中、戦費を調達するために「戦時国債」が発行されましたが、これは日本の敗戦後、戦後のインフレに加えて、財産税や戦時補償特別税の導入によって実質的に相殺されたために、無価値になりました。日本政府が発行しているから安心とは言い切れないのです。

そうなると、結局は現金がいちばん安心できるということになるのでしょうか。これこそ、日本人ならではのメンタリティです。

日銀が2024年6月に発表した、2024年3月末時点の資金循環によると、日本の個人が保有している金融資産（個人金融資産）の総額は2199兆円。このうち現金と預金の合計額は1118兆円で、実に50・9％を占めています。この点からも、日本人の現預金に対する信頼感の強さが見て取れます。

したがって、普通の日本人が「安全性の高い資産」をイメージした場合、最上位にくるのが現金であり、以下、国債、株式、不動産という順番になるはずです（株式と不動産の順位は人によって異なるかもしれません）。少なくとも、今まではそうでした。

しかし、これから大きなバリューシフト（価値観の変化）が起こります。これまで「現

希少性の高い資産が価値を維持できるという真実

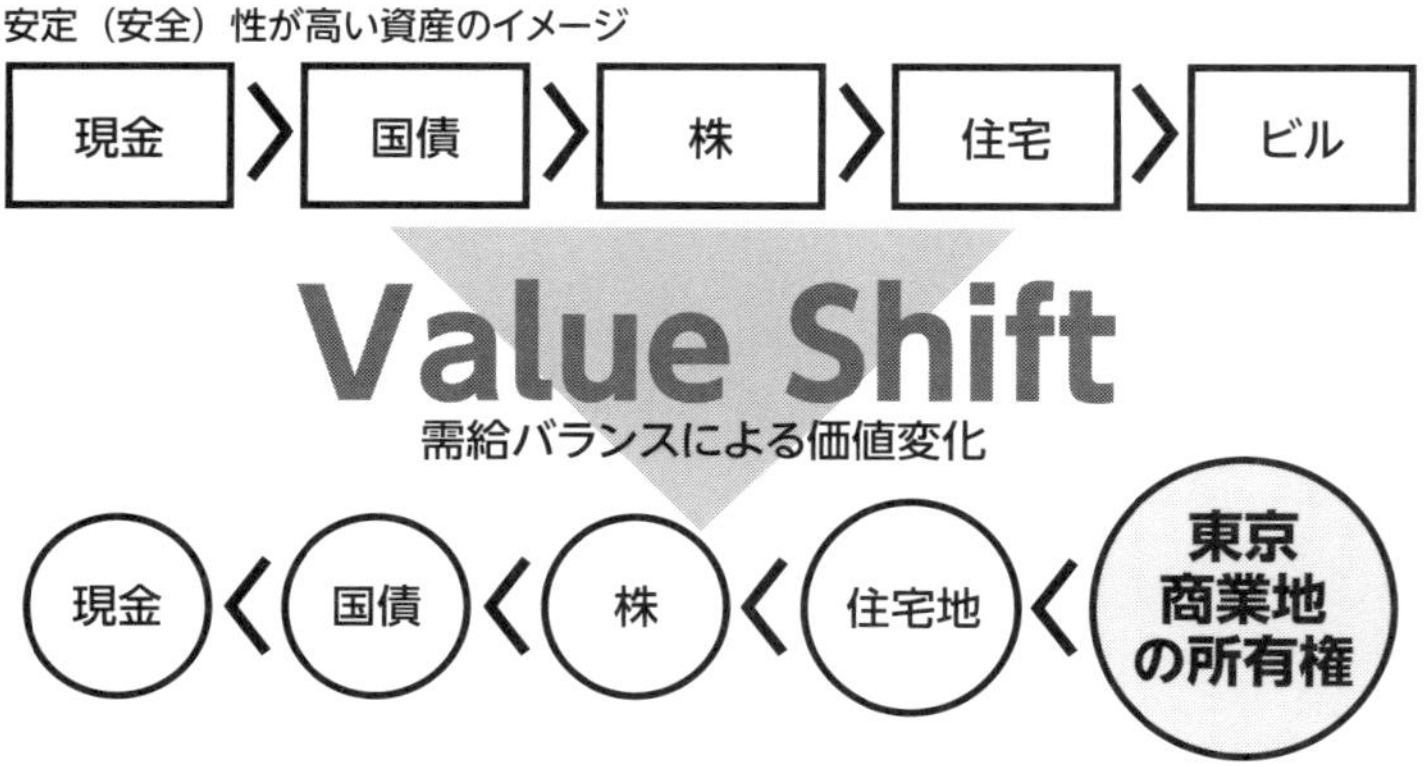

希少性（供給困難度）が高い資産ほど価値上昇が見込める

金こそが最も安全な資産である」と、誰もが信じて疑っていなかったのが、そうではなくなるということです。もっと具体的に言うと、希少性の高いものこそ価値があるという認識に変わっていくのです。

株式にしても不動産にしても、希少性が高いものは、いずれ価値が上がっていく時代がきます。もちろん、短期的には価値が下落することもありますが、長い目で考えると、希少性から需給はタイトになり、価値が押し上げられていきます。

つまり、希少性が資産価値の最大の決め手になるのです。

そう考えると、現金は最も希少性が低いので、バリューシフトが起こった後は、最も価値が低く、かつ安全性に欠ける資産になります。逆に、都心の一等地にある商業施設は、その希少性によって、高い価値が維持できるのです。

不動産は最も効率的な資産

ここで質問です。あなたは「1億円の資産」をつくることができますか？

人の生涯賃金は、およそ2億7000万円といわれています。ちなみにこの数字は、退職金として2000万円が組み込まれたものです。

例えば、ここに22歳で大学を卒業し、大企業に入社して定年まで勤めあげたAさんがいたとしましょう。このAさんが1億円の資産をつくるとすると、2億7000万円の生涯賃金のうち税金や健康保険料が差し引かれた正味の手取りから、さらに1億円の資産をつくることになり、なかなか容易なことではありません。ざっくり言えば、手取りの半分程度を貯蓄に回すくらいの感覚がなければ、会社勤めのAさんの身分では、1億円の資産を持つことはできないでしょう。

Aさんが20年間で1億円の資産をつくるために、現金を貯めようと決心したとします。預金ではなく、単純に現金を金庫に入れて1億円を貯めるのです。20年間で1億円ですから、1年の積立金額は500万円になります。

1年は12カ月ですから、500万円を12で割ると約41万7000円。毎月約42万円も貯蓄に回すなどというのは、普通の会社員にとってはまず不可能だと思います。最近は資産運用の世界で「億り人」などという言葉がはやっていて、1億円は一つの到達点だと意識されているようですが、億の資産を築くのは、それだけ大変ということです。

でも、まったくその方法がないわけではありません。それも、株式投資やFX、暗号資産とは違う方法です。

暗号資産は、確かに過去、幾度となく価格が急騰し、にわか億万長者を大勢生み出しました。直近でも2024年6月に、暗号資産の一つであるビットコインの価格が1BTC=1000万円を超えていますから、それによって大きな富を得た人もいることでしょう。とはいえ、暗号資産は値動きが非常に激しい資産なので、億の資産価値を保有できるかどうかは、ある意味、運次第に近いところがあります。

株式投資で億の資産を築いた人はいますが、短期売買は運次第の要素が強まってきますし、長期投資となれば会社や業界の成長性や経営者の能力を見極める力が求められますし、株式相場全体の好不況に左右される面も大きいでしょう。

「1億円の資産を築けるかもしれないけれども、半分以下に目減りするリスクもある」というような運任せの方法ではなく、もっと効率的、かつ着実に1億円の資産を築く方法はないものでしょうか。

おそらく、唯一といってもよい方法は不動産です。

具体的な方法ですが、例えば1億円相当の物件を持つに当たって、3000万円を現金で用意し、残り7000万円はローンを組んで返済するというプランを組みます。ローンの内容を説明すると、返済期間は20年、借入金利は1・2％の元利均等返済です。

この条件で7000万円を借り入れて1億円の物件を購入し、3・5％の利回りで運用するとします。すると、年間の賃料収入が350万円です。このうち、100万円が年間の管理コストだとすると、それを差し引いた250万円が、純粋な賃料収入になります。年間250万円ということは、月額にすると21万円です。

一方、7000万円のローンを年1・2％の元利均等返済で借り入れているので、その返済が必要です。この条件で計算すると、毎月の返済金額は33万円です。したがって、賃料と返済額の差し引きで、毎月12万円ずつ返済することになります。

さて、1億円の物件を手に入れるのに、実質的にいくら支払うかということですが、賃料収入が変わらなければ、毎月の実質的な返済額は12万円ですから、20年間の合計返済

効率的な貯蓄

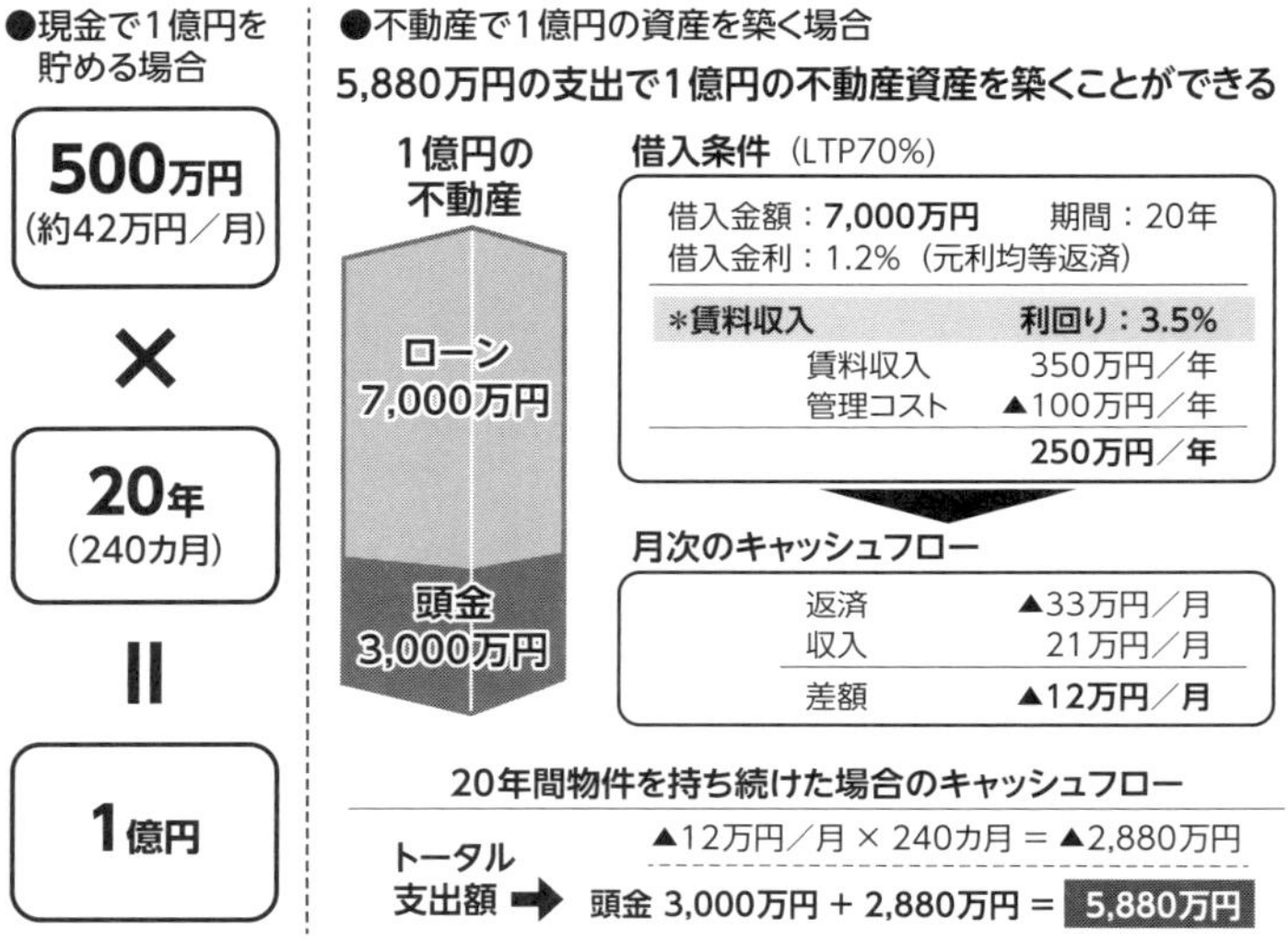

額は２８８０万円です。これに頭金が３０００万円ですから、合計５８８０万円の実質的な負担額で、１億円の物件（もちろん20年以上前の価値ですが、都内の一等地なら値上がりしている可能性もあります）を手にできるのです。

手元に現金が３０００万円あり、ここから毎月12万円ずつ20年にわたってさらに現金を積み立てていったとしても、貯蓄額が２８８０万円にしかなりません。それが、ローンを組んで不動産を購入すれば、同じ負担感で１億円の資産を手にできるのですから、不動産がいかに効率のよい資産であるか、おわかりいただけるのではないでしょうか。

株式と比べても、不動産は非常に効率のよい資産であることがわかります。

例えば、手元に5000万円の資金があり、それで株式に投資したとしましょう。株価が倍になったところで売却できれば、株式投資の成果としては御の字です。また、平均配当利回りを1・5％とすると、5000万円の投資元本に対して年1・5％の平均配当利回りですから、税引き前で年間75万円のキャッシュフローが得られることになります。

それはそれで、なかなかよいパフォーマンスですが、株式投資の場合、一つ大きな問題があります。それは、自分が投資した株式を発行している企業が不幸にして破綻したとき、最悪のケースだと、株式が単なる紙切れになるおそれがあることです。

一方、不動産はあくまでも「実物資産」なので、そもそも発行体リスクがありませんし、これまでも繰り返し述べているように、都心の一等地を所有してさえいれば、不動産価値がゼロになることなど、間違っても起こりえません。

また、不動産投資の効率性のよさは、レバレッジを使えることにあります。レバレッジとは「テコの原理」のことで、小さい元手を担保に外部からの借り入れをすることによって、より大きな資金を動かすことです。同じ5000万円を元手にして1億円を借り入れ、1億5000万円の物件を購入し、株式と同じように資産価値が倍になったとします。つ

株と不動産の投資リターン比較

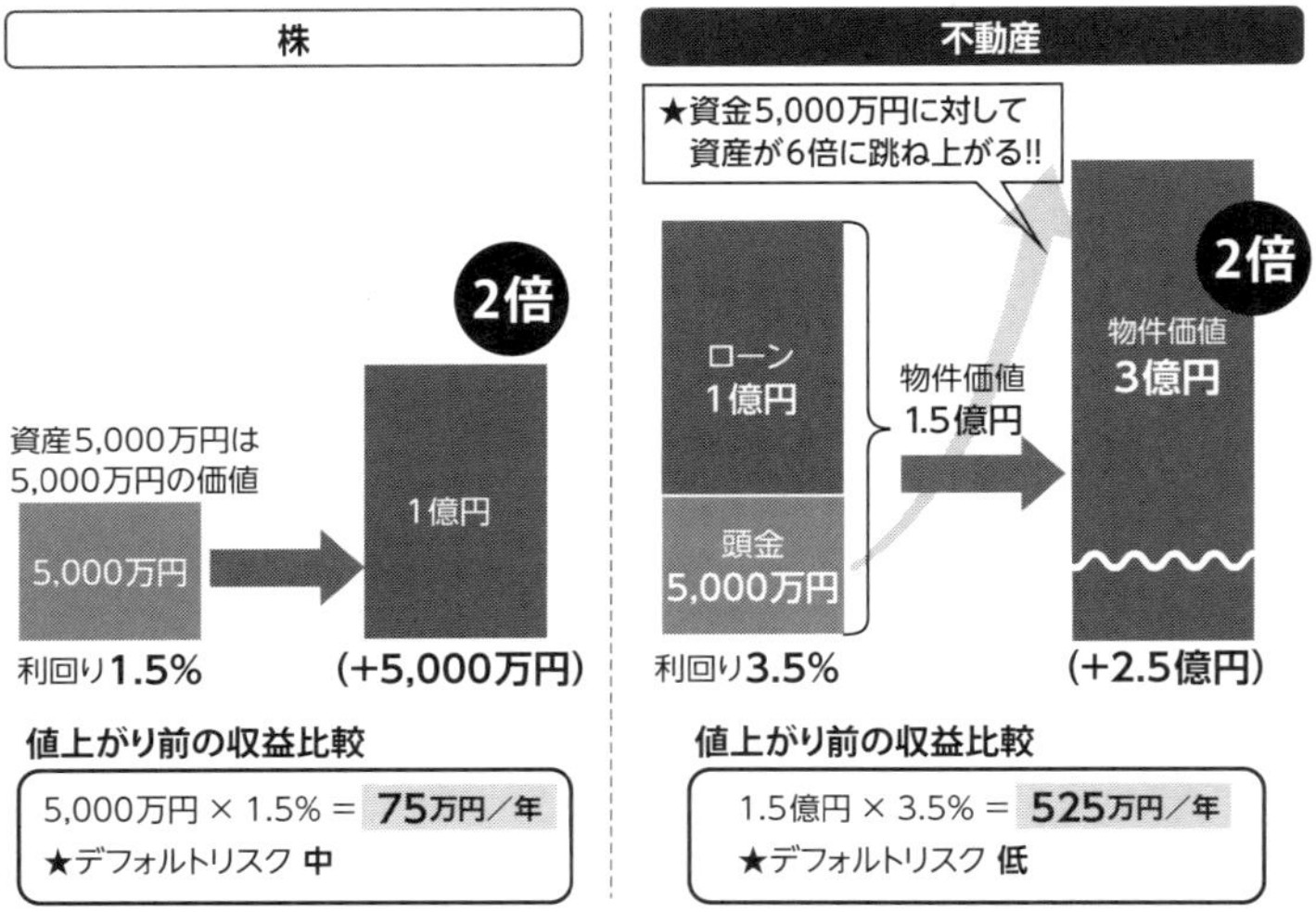

まり1億5000万円が3億円になったというケースを想定してみてください。

この場合、1億5000万円という想定元本からすれば、不動産価値が倍の3億円になったわけですが、想定元本のうち1億円は借り入れですから、実際の元手は5000万円です。つまり、不動産価値が3億円になったということは、実際の元手の5000万円から見れば6倍になったことを意味します。これがレバレッジの効果です。

ちなみに、不動産が効率のよい資産である根拠として、利回りが高いということも挙げられます。株式の平均配当利回りが、日経平均株価採用銘柄で年1・8％程度（2024年7月時点）であるのに対し、日本不動産研究所の「不動産投資家調査」によると、都内の標準的ビルの取引利回りは3・2〜3・6％です。

しかも、利回りは物件価格全体に対するものですから、借り入れも入れて1億5000万円の物件であれば、年間の利回りが3・6％だとすると、年540万円の家賃収入が入ってきます。これは、借入金の金利分を差し引いたとしても、元本に対する利回りは3・6％より高いことになり、レバレッジが効いているわけです。

ちなみに、このレバレッジをかけて収益性を高める手法で、経営を企業に置き換えてみると、企業の「収益性」「効率性」の高さを測る経営指標として、「ROE（自己資本利益率）」に着目することとよく似ています。ROEとはReturn on Equityの略で、「当期純利益÷自己資本」で計算されます。

この計算式が意味するのは「株主に帰属する資産（Equity）を使って、会社がどれだけ利益（Return）を上げたか」という自己資本の運用効率です。つまり、ROEの数値が高い企業ほど「株主に帰属する資産を使って効率よく稼げている」ということを示しているのです。

ROEは投資家が投資判断の際に注目する重要指標の一つであり、そのため企業においてもROEを高めることは重要な経営課題となります。

日本企業はこのROEが世界的に見て、とても低水準にとどまっています。リーマンショック後に0・6％にまで低下した東証一部上場企業のROEは、2016年度に8・7％にまで回復し、さらに市場区分見直しで東証プライム市場になった後は2024年3月期では9・5％まで上昇しています。

この間、2014年8月に経済産業省が取り組む「持続的成長への競争力とインセンティブ～企業と投資家の望ましい関係構築～」プロジェクトの最終報告書（伊藤レポート）が公表され、企業が投資家から認められるには、最低限8％を上回るROEを達成することにコミットすべきであると提唱されました。

また、各種調査によると、日本企業のROEとPBR（株価純資産倍率）は、ROEが8％を超えると強い相関がみられるとされており、投資家（株式市場）が期待する最低限の投資利回り（資本コスト）は8％台であろうと推定されています。つまり、ROE8％以下の企業経営者は、経営者として失格だと投資家から評価されているといえるのです。

世界に目を向けるとROEは10％以上が標準です。前出の伊藤レポートによると、少し古いデータですが2012年における比較として、日本5・3％、米国は22・6％、欧州は15・0％と大きな差があります。この大きな違いは、銀行借り入れ、つまりレバレッジの活用度合いが、欧米企業と比較して日本企業が非常に低いことにあります。

日本企業は、収益力を高めるために、レバレッジの活用を高めていく必要があるのと同様に、不動産投資においても借入金をうまく活用することが大切だといえます。

J-REITと現物不動産の有利、不利

不動産という資産クラスを保有するための方法は、いくつかあります。中でも、最も手軽に不動産を保有する方法は、J-REITを購入することです。

J-REITとは「日本版不動産投資信託」といって、不動産投資を業としている「不動産投資法人」が運用しています。

企業が株式を発行し、それを証券取引所に上場させるのと同じように、J-REITは投資口を発行し、それを証券取引所に上場させます。そして、証券取引所への上場によって調達した資金で、オフィスビルやレジデンス、倉庫、ホテル、介護施設、商業施設などの建物を購入し、その建物に入居しているテナントから得た家賃収入を分配原資として、一定期間ごとに、投資口を保有している投資主に支払っていきます。

J-REITと現物不動産を比較した場合、どちらがよりよいのでしょうか。

J-REITのよい点は、第1に、現物不動産に比べて圧倒的に少額資金で購入できる

こと。中には10万円に満たない額で購入できる投資法人もあります。

第2に、流動性が高いこと。Ｊ－ＲＥＩＴは東京証券取引所に上場しているので、買い手がまったくいなくなるという異常事態に陥らない限り、市場を通じていつでも売却できます。

第3に分散投資効果です。基本的にどのＪ－ＲＥＩＴも、複数の物件を組み入れて運用しています。オフィスビル型、商業施設型、レジデンス型というように、特定の物件形態のみに投資するタイプでも、例えばオフィスビル型であれば、そこには複数のオフィスビルが組み入れられていますし、複合型と称されるＪ－ＲＥＩＴになると、オフィスビル、商業施設、レジデンスというように、さまざまなタイプの物件が組み入れられています。

高額な現物不動産を複数所有するのは、相当の資産家でもない限り不可能です。その問題点をクリアするために、後述する「区分所有オフィス®」という考え方があるわけですが、それでもＪ－ＲＥＩＴのような少額資金での購入はできません。

誤解を恐れずに申し上げるなら、区分所有オフィスは、ある程度の資産を持った方でないと、利用するメリットが享受しづらいのです。ただし、その分だけ利回りは高くなりますし、複数の区分所有オフィスを持たなくても、一棟一棟のオフィスビルがハイグレード物件なので、単一物件しか保有できないとしても、資産の安全性は十分に担保されます。

一方、悪い点については、J－REITは投資法人が発行している株式のようなものですから、投資法人の財務が悪化した場合、最悪、上場廃止に追い込まれるケースもあります。事実、過去において1件、上場廃止されたJ－REITがありました。

これに対して、区分所有オフィスを含む現物不動産はあくまでも実物資産なので、J－REITのように発行体が破綻して、上場廃止になるようなリスクとは無縁です。

もう一つ、J－REITには現物不動産に対して大きく劣後する点があります。それは投資した物件の値上がり益を直接、享受できないことです。

現物不動産の場合は、購入した物件の市場価格が値上がりしたところで売却すれば、買値と売値の差額が値上がり益になります。

しかしJ－REITの場合、組入物件の値上がり益は、ファンドの1口純資産（NAV）に反映されますが、J－REITを売買する際の投資口価格は、株価と同様、そのJ－REITの需給バランスによって決まります。

そのため、いくら組入物件が値上がりして時価総額が上昇したとしても、そのJ－REITに対する市場参加者の需要が高まらなければ投資口価格は上昇せず、したがって値上がり益を得ることができないのです。実際、現時点で上場しているJ－REITの投資口価格と1口純資産を比べると、投資口価格のほうが安い状態で放置されている銘柄が結構あります。

Ｊ－ＲＥＩＴと現物不動産との比較から言えることは、余裕資金がふんだんにあるという、うらやましい状況にある方なら、Ｊ－ＲＥＩＴに投資するよりも、現物不動産を所有したほうが、有利に資産を増やすことができるということです。

未曾有のカネ余りが不動産価格を押し上げる

日本の不動産を取り巻く市場環境にも目を向けてみましょう。

不動産が資産として有望なのは、今が未曾有のカネ余り状態にあるからです。80年代後半のバブル経済に比べても、はるかに多額の資金が市中にあふれかえっています。

実際に数字を比べてみましょう。

まず民間金融資産の総額です。これは民間非金融法人が保有している金融資産と、個人が保有している金融資産の合計額ですが、日本で不動産バブルが起こる直前の１９８５年時点の額は１１０６兆円でした。これが２０２３年３月末時点ではいくらかというと、３７４７兆円ですから、実に３・４倍にも増えています。

マネタリーベースは、もっとすごい勢いで伸びています。マネタリーベースとは、市中に出回っている流通現金（紙幣と貨幣）と日本銀行が民間金融機関に供給しているお金の合計額です。これが1985年12月時点では24兆9460億円（平均残高）でしたが、2024年6月時点では664兆2641億円（同）まで増え、26・6倍にもなりました。

とくにマネタリーベースの伸びは、2013年以降、急激に高まっています。2013年といえば、ちょうどアベノミクスがスタートしたときと同じです。アベノミクスの第一の矢は、量的金融緩和を行うことによって為替を円安にし、輸出企業の業績を回復させることで株価を押し上げ、最終的に個人消費を高めることにありました。それを実現させるためには、日本銀行が「異次元」ともいうべき金融緩和を行う必要がありました。

白川元日銀総裁の後任となった黒田前日銀総裁は、市中に資金を大量に供給する量的金融緩和を行ったのです。これが、2013年以降、マネタリーベースが急増した最大の理由です。

なぜ、日銀がここまで量的金融緩和を継続してきたのかというと、日本経済が完全にデフレから脱出するためです。そのため、消費者物価指数で年2%の上昇というインフレターゲットを設け、できるだけ早期のうちに、目標値を達成できるよう、異次元金融緩和を続けてきたのです。

しかし、消費者物価指数はなかなか上昇しませんでした。消費者物価指数のうち「生鮮食品及びエネルギーを除く総合」の前年同月比を見ると、2014年4月に2・7％となり、2015年3月まで前年同月比で2％台の上昇が続いたのは、2014年に消費税率が5％から8％に引き上げられたからです。その後、消費者物価指数の前年同月比は再び0・4％以下で推移するようになり、新型コロナウイルスの感染拡大で経済活動が低迷した2021年4月から2022年3月までは、前年同月比がマイナスになり、デフレの様相すら呈してきました。

物価が上昇に転じるようになったのは、2022年10月あたりからです。すでに消費者物価指数の前年同月比は1％台になっていましたが、これが2022年10月に、政府目標とした2％台に乗せたのです。

その後はさらに上昇が続き、2023年4月から10月までは前年同月比で4％台まで上昇しました。

当然、ここまでインフレが進めば、従前のような超金融緩和措置を続けるのは、さまざまな意味で許されなくなります。とくに2022年以降、円安のスピードが加速して、それが国内物価の上昇圧力を強めるに至り、日銀は金融引き締めとまでは言わないまでも、せめて金融正常化に向けて金融政策のかじ取りを見直さざるを得なくなりました。

とはいえ、米国や欧州に比べると、日本の金利水準はまだまだ低いのも事実であり、こうした傾向に着目しているのが、外国人投資家です。

日本の対内直接投資残高の推移を見ると、日本に、非常に多額の資金が海外から入ってきているのがわかります。２０１３年以降、アベノミクスが推進させられる中で伸びてきているのはもちろんですが、もっと長い時間軸で見ると、１９９６年末の数字が２９９億ドルであるのに対し、２０２３年末は３５０６億ドルになりました。実にこの間で11・7倍にも増えているのです。

これだけの数字を見ても、いかにこの日本国内に、多額のお金が眠っているのか、おわかりいただけるのではないでしょうか。

では、こうした大量のお金は今後、どこに向かうのでしょうか。80年代バブルのときは、株式市場や不動産市場に流れ込みました。その傾向は、おそらく今もそう大きく変わらないでしょう。実際、アベノミクスがスタートしてからは、株価も不動産価格も大きく上昇しました。

そして、資産の価値が希少性によって決まるようにバリューシフトが進めば、世の中の余剰資金は、ほぼ間違いなく不動産市場に向かうはずです。それも繰り返し述べたように、都心の一等地、中でも商業地に建てられたオフィスビルに向かいます。

銀座4丁目にある有名楽器販売店が保有している不動産の価値が、このところ継続して上昇している背景には、そのように大きな経済情勢の流れがあるのです。

「希少性」をテーマにした二極化が加速する

これからの不動産投資について考えるとき、テーマになってくるのが「希少性」です。今後、日本の人口は少子化の影響を受け、どんどん高齢者比率が上がっていきます。結果、「少産多死社会」になり、人口は減少していきます。

人口がどんどん増えている時代は、住むところにしても、働くところにしても、人口密度の高まりとともに、よりそれが低い場所を目指して、周辺に拡散していきました。1980年代のバブル経済のときには、人が増えすぎて都心部の生活環境が悪化したため、人々は郊外へと住むところを求めて移動していきました。通勤時間も片道2時間を我慢して都内の企業に通った人もいたくらいです。

でも人口が減れば、そのような我慢をする必要がなくなります。都心部に住んだほうが通勤も楽ですし、都心部にはより快適な生活を送るために必要な、さまざまな機能も揃っています。そのため、日本全体で見れば東京の都心部はもちろんのこと、それ以外の地域でも、大阪や名古屋、仙台、福岡、札幌といったように、各エリアの大都市部に人が集中するようになります。

例えば東京都のど真ん中といってもよい、中央区の人口推移を国勢調査から見ると、バブル経済の余韻が残る１９９５年時点で６万３９２３人でした。１９８０年は８万２７００人だったので、約2万人も減少していたのです。

ところがその後、中央区の人口は増加に転じました。２０２４年7月1日現在は18万４６９７人ですが、「中央区将来人口の見通しについて　令和６（２０２４）年４月推計」によれば、２０３０年４月１日時点での推計値はさらに増えて20万５８４５人とされています。

おそらく、これからも東京の特定地域に人口が集中していく傾向が続くでしょう。逆に東京都内でも、23区外は人口が減少していくでしょうし、23区内であっても中央区や千代田区、港区などはしばらく人口が増え続けるものの、それ以外の23区では減っていくはずです。

こうした情勢下で私たちが直面するのは、「希少性」に根差した価値の二極化です。この傾向は今後10年で、顕著になっていくでしょう。つまり、より値上がりするものと、まったく上がらないものの差が広がっていくのです。

例えば東京の麻布台にある某マンションは、６年前の坪単価が１６００万円でした。

100坪で16億円です。とてつもなく高いという印象を受けましたが、今は坪3000万円です。一方で、郊外の普通のマンションは、ほとんど値上がりしていません。

これは不動産に限った話ではないと思います。自動車でも、普通に走るだけの実用車の値段はとくに値上がりしませんが、1億円を超えるような超高級車の値段にはプレミアムがついて、実際に売買されるときの値段は、1億5000万円とか2億円になっています。

世の中が、希少性の高いものを求める動きは、今後も間違いなく続くでしょう。一般マンションは値上がりしないけれども、超高級マンションはさらに高い値段になりますし、オフィスビルもより大きな、かつ最先端の機能を有しているものの値段が上がっていくことになるでしょう。なにしろ、それが建っている土地そのものが他にとって代わるものがない希少なもので大きな価値を持っていますから、その価格は下がりようがないのです。

金利上昇で増えるのは金利支払い部分だけ

日本の不動産を取り巻く市場環境で懸念されているのは、今後の金利上昇による影響です。現在の日銀の姿勢を見ていると、当面、強い姿勢で金融引き締めに転じることはないと推察できますが、そうはいっても、いつかは必ず金利が上昇に転じる日がきます。

金利上昇は、不動産市況にとってプラスでしょうか、それともマイナスでしょうか。

一般的には、マイナスであるとみられています。金利が上昇すれば、金融機関からの借入コストが上昇するからです。また、金融が引き締められれば、市中に出回っているお金の量も自然と減ります。これまで不動産に向かっていた資金の流れが細くなるため、不動産市況にとって金利の上昇は、ネガティブ要因であると考えられています。

確かに、1980年代後半にかけて生じた日本の不動産バブルが崩壊した過程には、1990年代に入り、日本の金利が急上昇した動きと、軌を一にしています。バブル経済の真っ最中、日本の金利の根幹になる公定歩合は2・5％でしたが、1991年には6・0％まで上昇しました。

ただ、当時、日本の地価が急落に転じたのは、金利上昇による影響ももちろんありましたが、同時に1990年、当時の大蔵省が「総量規制」という行政指導を行い、銀行から不動産会社への融資に一定の歯止めをかけたことが大きかったのです。

結果、「山手線の内側にある土地で、米国全土の土地が買えてしまう」などと言われてきた日本の地価が、「底なし」と思えるような下げに転じたのです。

実際問題としては、金利が多少上がったとしても、少なくとも、不動産を持っている人たちの側からすれば、大きな影響はありません。

金利上昇に関する現象

金利上昇で増えるのは金利支払い部分だけ

例）3,000万円を30年ローンで借りた場合（元利均等返済）

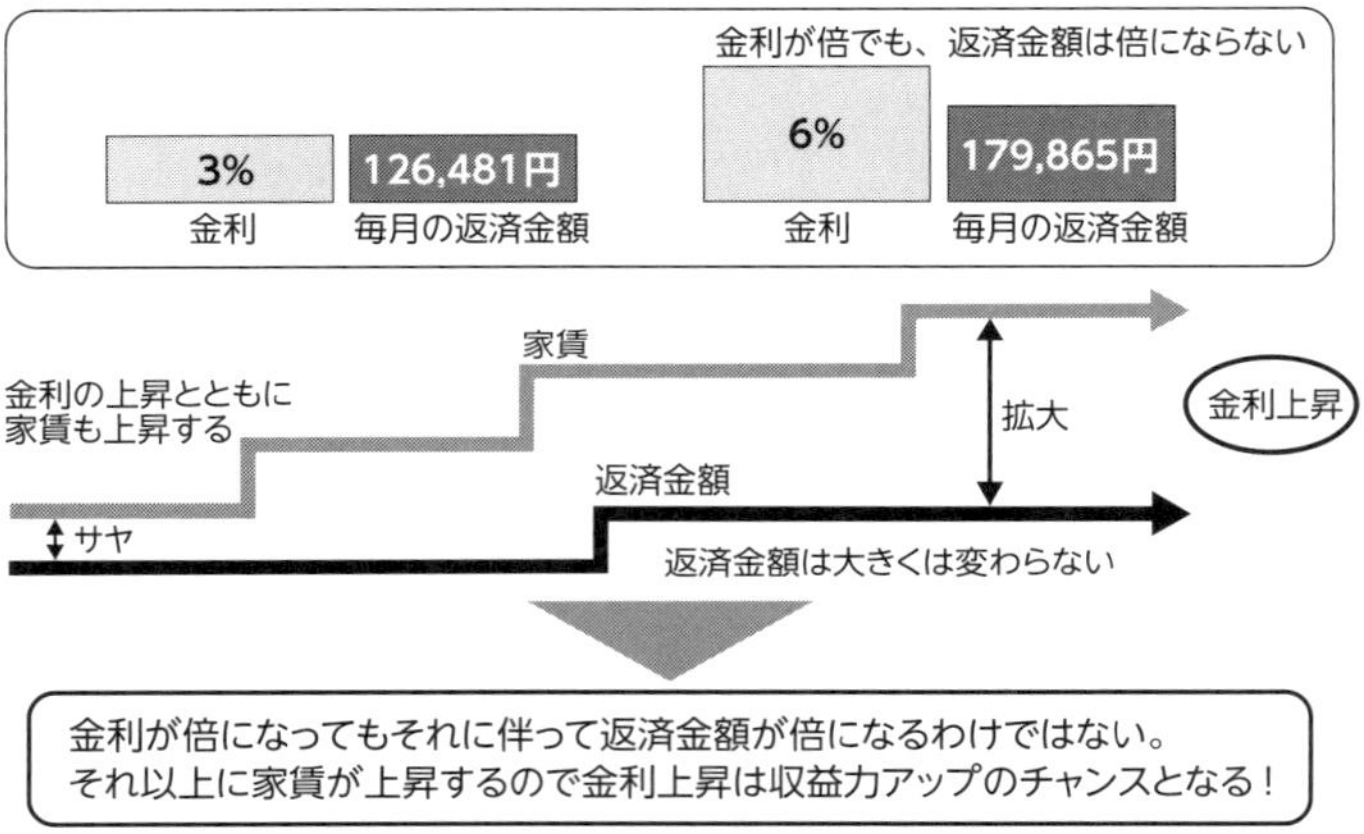

例えば、住宅ローンの借入金利が、３％から６％というように、倍の水準まで上昇したとしましょう。３％が６％ですから、月々の返済額も倍になると思う人がいらっしゃるかもしれません。でも、計算してみるとわかるのですが、実は住宅ローンの金利が倍になったとしても、支払い金額までは倍にならないのです。

数字を挙げて比較してみましょう。３０００万円を30年ローンで借り、元利均等返済を選んだ場合、金利３％のときの月々の返済金額は12万６４８１円ですが、金利６％になったときの月々の返済金額は17万９８６５円です。このように、金利が３％から６％になったとしても、月々の返済負担まで倍になるわけではないのです。

一方、金利が上昇する局面では、一般的な傾向として賃料は上昇します。というのも、金利上昇局面では、総じて景気がよいからです。景気が好調だと、物価には上昇圧力がかかります。物価が上昇すれば相対的に通貨の価値が目減りするため、日銀は通貨価値の下落リスクを最小限に抑えるため、金利を引き上げようとします。

このロジックで考えれば、金利が上昇する局面は景気がよいので、賃料を上げることもできることになります。つまり、金利上昇によって返済金額が増えたとしても、賃料が上がれば、金利上昇分を十分にカバーできると考えられるのです。

将来的には金利上昇を懸念する声もあるでしょう。しかし、それは不動産経営においては、物件の収益力をアップさせるチャンスとも考えられるのです。

ペンシルビルを買ってはいけない

本章の、ここまでの内容を簡単にまとめると、不動産は現預金や株式などほかの資産クラスに比べて、価値の安定性、効率性の高さという点において、非常に魅力的であることがわかりました。

加えて、不動産バブルで世の中が大いに沸いた1980年代の後半に比べ、今は多額のマネーが市中に滞留しており、それが不動産価格を押し上げる可能性が高いため、不動産取得を行うのにまたとないチャンスが訪れていることも、おわかりいただけたかと思います。

このように不動産マーケットに追い風が吹いている中であっても、実際に不動産を購入するに際して、注意すべき点もあります。

まず、希少性が資産価値を高めるという観点からすると、同じ不動産を買うにしても、できる限り供給が少ない土地を狙う必要があります。まだまだ空き地が多い地方の小都市は、いくらでも新しい土地を供給できますから、不動産価格はほとんど上昇しません。不動産を購入するなら、住宅よりもオフィスビルがよいという話は第1章で触れましたが、その場所については、地方よりも東京都心の商業地というのが、これからの不動産購入のセオリーです。

では、東京都心の商業地に建てられているオフィスビルなら、なんでもよいのでしょうか。

オフィスビルは「大規模オフィスビル」と「中小規模オフィスビル」とに分かれます。大規模オフィスビルは、延床面積が5000坪以上です。東京で言えば、東京ミッドタウンや六本木ヒルズなどをイメージしていただければよいでしょう。

大規模オフィスビルが一棟でも建てられると、オフィスビルの需給バランスが大きく変わるといわれます。オフィス供給過多になり、賃料が値崩れしてしまうケースがあるという理由です。

実際、2003年に六本木ヒルズがオープンしたときも、2007年に東京ミッドタウンがオープンしたときも、供給過多が大きな問題になりましたし、直近でも2023年問題が話題になりました。オフィスが大量供給され、需給が崩れると懸念されたのです。

ところが、実際には世間が大騒ぎするほどオフィスの供給量が飛びぬけて多かったという印象は受けませんでした。森トラストが公表している「東京23区の大規模オフィスビル供給量調査2024」によると、2023年の大規模オフィス供給量は138万㎡で、2022年の49万㎡、2021年の61万㎡に比べれば多いのですが、過去、この程度の供給量だった年は、ほかにも結構ありますし、中規模オフィスビルの供給量も含めて考えれば、実はそれほど供給量が多くなったとは思えません。大規模オフィスビルを開発する様子を考えればわかると思うのですが、長い時間をかけて周辺にあるたくさんの古い中小型ビルを壊して、そこに高い建物をつくる代わりに、公園緑地など一定の空間も確保するように計画されるからです。

選択すべきは都心の中規模オフィス

供給過多、人口減少の影響を受けにくく、需要と供給のバランスにメリットがある「東京都心の中規模オフィス」

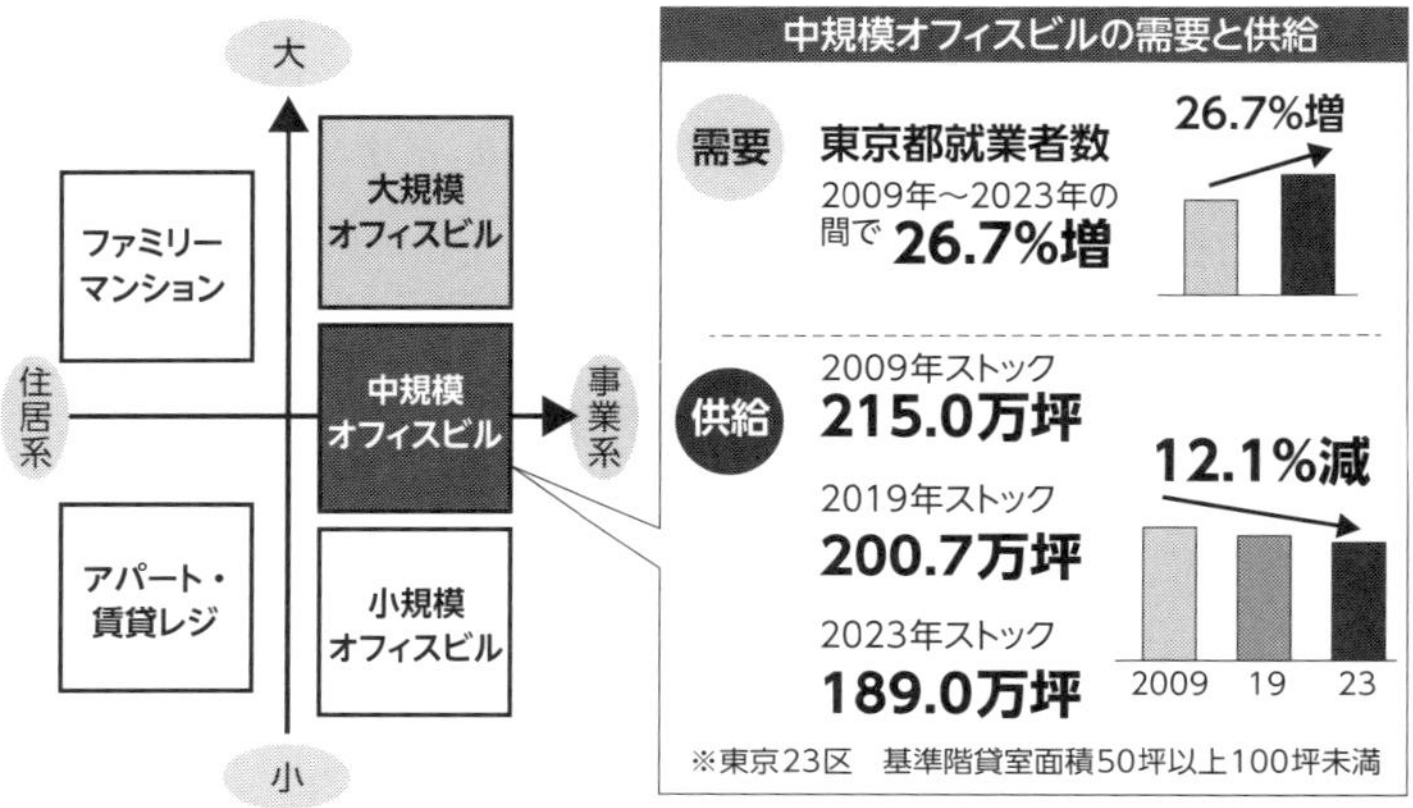

（出所）東京都　各年「東京の労働力」および三幸エステート（株）オフィスレントデータを基にボルテックス作成

確かに、何かの事情で大規模オフィスビルの需給バランスが大きく崩れるようなことがあれば、当然、賃料も大きく下落し、ビルオーナーが得るキャッシュフローは激減してしまいますから、それでも保有し続けるには、ビルオーナーに相当の財務力が必要になります。ただ、大規模オフィスビルを開発する際の事情や、できあがったビルの希少性を考えれば、そう簡単に大規模オフィスビルの需給が大きく傾くようなことにはならないと考えられます。

では、中小規模オフィスはどうでしょうか。中小規模オフィスビルは、延床面積が1000坪以下、ワンフロアが200坪以下の物件をイメージしていただければよいでしょう。

現在、中小規模オフィスビルは需給が極めて良好です。

具体的な数字を挙げると、例えば、2009年の全ストックが215万坪だったのが、2023年の全ストックは189万坪にまで減少しています。その一方、需要に関して言えば、こうした中小規模オフィスビルに入居する中小企業の従業者数は、2009年から2023年の間だけでも26・7％増となりました。一般企業だけでなく、NPO法人や財団などの非営利団体の設立も増えており、中小規模オフィスビルの需給は、非常にタイトです。

また、そもそも中規模オフィスビルというのは絶対的に供給量が少ないという事情があります。中規模クラスのオフィスビルを建てることのできる土地が、とくに東京の都心部には極めて少ないからです。

ここでも希少性が出てきます。中規模ビルを建てられる土地が少ないがために、中規模オフィスビルは供給量が少なく、一方でそこに入居したいというニーズが高いため、希少価値があるのです。

一方、それよりもさらに規模が小さい、いわゆるペンシルビルは、おすすめできません。ペンシルビルとは、縦に細長いビルのことです。1フロアにつき、20坪くらいの小さな部屋が1部屋という造りになっており、中古だと都心でも2億円くらいで買うことができます。そのため、不動産投資の手始めとして、こうしたビルを購入する人は多いのです。

しかし、よく考えてみてください。こうしたビルのテナントになる会社は、大半がスタートアップです。経営に失敗すれば倒産してビルから退去せざるをえませんし、成功すれば会社が成長するので、もっと大きなビルに引っ越していきます。つまり、入退去が激しいため、安定した賃料収入が期待しづらいのです。

また、ペンシルビルは個人で所有しているケースが多いので、管理が緩いケースが見られます。当然、建物のメンテナンスも不十分なので、たとえ安く買えたとしても、余計なコストをかけて修繕しなければならない状況に直面するおそれがあります。

さらに言えば、古いペンシルビルはＩＴ対応がしにくく、物件としての付加価値が高まりません。これからの時代、ＩＴ対応がしにくいオフィスビルには誰も入りたがらないでしょう。テナントが入らなければ賃料が得られませんから、建て替えが困難になり、ますます入居者がいなくなります。

したがって、不動産を購入する場合は、中規模ビルに狙いを定めることをおすすめします。具体的には、敷地面積が１００~１５０坪程度で、10階建てくらいの物件をイメージしてください。価格はかなり幅があるのですが、だいたい20億円から１００億円といった

「区分所有オフィス」とは?

1棟ビルを**フロアごと部屋ごとに分譲**し
可能な限りリスクを抑えた、新しい不動産所有のカタチ

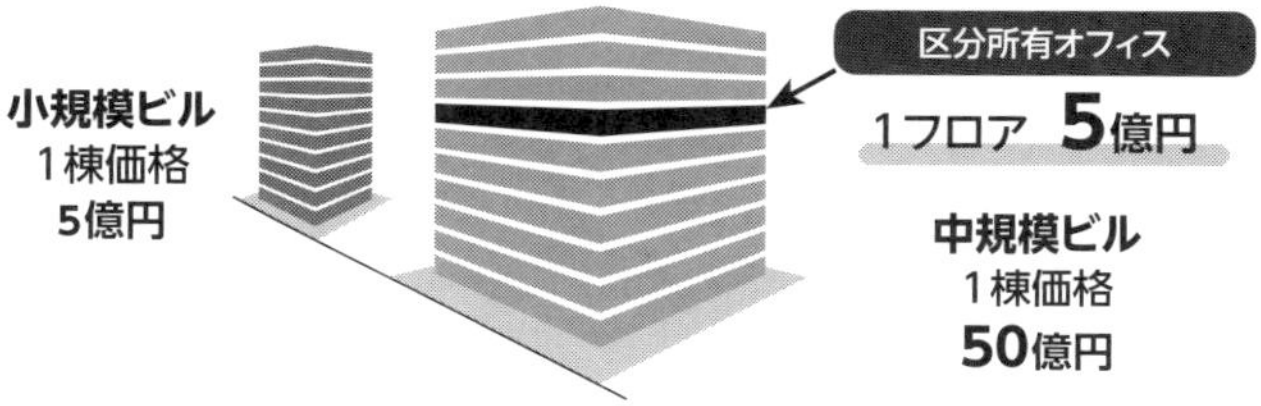

「区分所有オフィス」が誇る4大メリット

① 収益性
需給がタイトな中規模ビルは、市場競争による賃料下落が起きにくいため**高い賃料を長期間維持**しやすい。

② 安定性
管理組合を組成し、長期修繕計画に基づき運用するため、**突発的な修繕コストを平準化**できる。

③ 土地の価値
一定規模以上の土地は、開発用途が多岐にわたり**価値が高いため、**市場において**高値の取引**が見込める。

④ 流動性
1棟ビルを小口化することで、単価は下がり購買層が広がることで**高い流動性を誇る独自のマーケット**が形成されている。

ところでしょうか。

といっても、中小企業経営者や個人の資産家にとっては、なかなか手を出しにくい価格帯です。そこで注目したいのが、「区分所有オフィス」という考え方なのです。

区分所有オフィスとは、1棟のオフィスビルを複数のオーナーで所有することです。例えば10階建てで1棟50億円のオフィスビルの1フロアを5億円で所有するというイメージです。

これなら、1棟まるごと所有するのに比べれば、金額的に安くなります。そのため、1棟まるごとではなかなか購入できないようなグレードが高い物件でも、区分所有オフィスにすることで、手が届

くようになります。その場合、不動産としてみれば50億円の競争力を持った物件を所有することに、5億円でトライできるというメリットがあります。

空室リスクにはこうして対処する

すでに不動産事業を行っている人、あるいはこれから始めてみようと検討している人にとって、いちばんの懸念材料は「空室リスク」でしょう。

これまで入っていたテナントが出ていった後、新規の入居者募集を行ったものの、3カ月間、4カ月間という長期間、新しいテナントが入らず空室が続くと、オーナーも焦ってきます。なぜなら、今まで毎月入ってきた賃料がゼロになってしまうからです。

こうしたリスクにどう備えればよいのか。ここでも中規模オフィスビルが強みを発揮します。何しろ現状、都心における中規模オフィスビルの需給は極めてタイトですから、空室が出た途端、次のテナントがすぐに決まるはずです。

ただ、そうはいっても確実に次のテナントが決まると断言することはできません。事実、極めてまれですが、都心一等地の中規模オフィスビルでも、一定期間、空室状態が続いてしまうケースがあります。

その要因として最も可能性が高いのが、プライシングミス（的外れな価格設定）をしてしまっていることです。

例えば、景気の悪い時期に、1坪あたりの単価が5万円のオフィスビルに入っていたテナントが出ていったとしましょう。そのとき、新しいテナントを探すのに、同じ価格設定で募集をしても、おそらく新しいテナントは見つからないでしょう。

レジデンスの賃料は、景気の良し悪しにあまり影響を受けることなく、ほぼ同じ賃料で推移するのですが、オフィスビルの場合、景気の良し悪しやタイミングによって賃料に変動が生じます。それも、かなり大きな幅で変動します。

ですから景気の悪いときは、以前の賃料にこだわってそのままの賃料を維持しようとすると、新しいテナントが見つからないという事態に陥りがちです。

オフィスビルの場合、空室期間が長引けば長引くほど、今度は期間収益を失うことになりますから、賃料に固執するよりも、賃料を下げてでも空室期間を短くしたほうがよいのです。

仮に、従来の賃料が100万円だとしましょう。もし、この賃料で空室期間が6カ月だとしたら、600万円の収益が得られなかったことになります。

では、賃料を80万円に引き下げることによって、すぐに新しいテナントが入ってくれたら、どうでしょうか。

１００万円の賃料だったら６００万円の収益が得られたところ、月80万円だと４８０万円になるので、賃料が１２０万円目減りしたことになりますが、６カ月間、まったくテナントが入らなければ、この間の期間収益はゼロなのです。

６カ月間、家賃収入がゼロでも１００万円の賃料にこだわるのか、それとも多少妥協してでも、４８０万円の家賃収入を確保するのか？　正解は明らかで、値下げしてでも家賃収入を確保するべきです。

確かに、従来は１００万円だった賃料を80万円まで引き下げれば、家賃収入は20％の目減りです。でも、オフィスビルの賃料というのは、一度下げたら、ずっと安い賃料のままではありません。景気が上向けば、賃料の引き上げが可能になります。

基本的に、オフィスビルの賃貸契約は2年ごとの更新になるので、比較的景気の情勢に合わせて、賃料の引き上げ交渉を行うチャンスに恵まれます。景気さえよければ、賃料を引き下げる前の水準を上回る賃料設定も可能になるかもしれません。

もちろん、こうした賃料の値上げ交渉を成功させるためには、豊富な知識と経験が必要です。

だからこそ、私たちのようにオフィスビルの販売、管理を専門に行っている会社が仲介に入るメリットがあるのです。

事業承継税制で注目される区分所有オフィス

第1章でも触れましたが、今の日本を取り巻くさまざまな問題点の一つとして、事業承継問題があります。とくに中小企業の場合、後継者がいないということで廃業せざるをえない会社がたくさんあります。

これは、日本経済にとって非常に大きな問題です。そもそも日本には今、368万もの会社がありますが、このうち大企業はたったの1・1万社。大半が中小企業です。その中小企業が、次々に後継者難で廃業へと追い込まれることになったら、問題は経営者と経営者の家族にとどまらず、そこで働く人々の雇用、生活にも大きく影響してきます。

しかも、ものづくり大国日本をこれからも標榜《ひょうぼう》し続けるのであれば、それを技術面で支えてきた中小企業の存在は、とても大切です。その中小企業が今、存続の危機に立たされているとしたら、それを防ぐための政策的な手当てが当然必要になります。

そこで今、改めて注目されているのが「事業承継税制の改正」です。

これは会社の株式を持っていた前社長が、後継者に株式を譲渡したとき、発行済み株式の3分の2を上限にして、次の事業承継が行われるまで、課税価格の80%に対する課税が猶予されるという税制です。

この制度が平成30年の税制改正で見直されることになったのは、従前の制度では課税猶予の対象範囲が中途半端だったり、納税猶予を受け続けるための条件が厳しかったりして、使い勝手がいま一つ悪かったからです。

そのため、平成30年の税制改正では、納税猶予の適用対象を「発行済み株式のすべてを対象にして、課税価格に対応する贈与税及び相続税の100%を、次の後継者に事業を承継するまで猶予する」など、大幅な条件緩和が行われました。

ただ、この制度で注意しなければならないのは、「納税免除」ではなく、あくまでも「納税猶予」であることです。つまり、どこかの段階では必ず納税しなければならないのです。いくら後継者難への対策とはいえ、贈与税や相続税をまるまる免除するほど、国は甘くありません。

例えば、先代から後継者Aに、自社株式の移転が行われたとします。先代が生きているうちに行われたのであれば贈与税が、先代が亡くなったのを機に行われたのであれば相続税がかかりますが、それぞれこの特例に基づいて、贈与税ならびに相続税の納税猶予が行われたとします。

この場合、後継者Aは贈与税ならびに相続税の納税が猶予されます。もちろん、事業はそのまま継続することが前提です。

次に、後継者Aの子ども、つまり先代から見れば孫に当たる後継者Bに、後継者Aが先代から納税猶予で移転された株式を、さらに移転する場合も、納税猶予を受けることができます。もちろん、ここでも後継者Bが事業を承継することが前提になります。

問題になるのは、先代の孫に当たる後継者Bが、事業を承継しない場合です。先代から後継者Aへ、後継者Aから後継者Bへと、スムーズに事業が引き継がれていく分には、その間の株式に対する贈与税ならびに相続税の納付は猶予され続けますが、もし後継者Bが事業を引き継がず、例えば就職した先で働き続けたいということになると、猶予されていた贈与税ならびに相続税がかかってきます。

後継者Aの子どもが将来、事業を引き継ぐのであればそのままこの制度を活用し、さらに納税猶予を受ければよいのですが、もし事業を引き継がずに自分の道を選ぶのであれば、その時点で後継者Bが税金を納められるように、後継者Aはきちんと必要なキャッシュを準備しておく必要があります。

具体的には、株式の課税評価額から計算される納税額に見合う現金を準備しておけば、その子どもは自分の将来を自由に考えることができます。

ただし、ここで注意しなければならないのは、どういう資産でキャッシュを準備するかということです。何しろ先代から後継者Aが引き継ぎ、さらに先代から見れば孫に当たる人が事業を引き継ぐかどうかを判断する年齢に達するまでには、おそらく30年くらいの間があると考えるべきでしょう。

もし現金をそのまま贈与もしくは相続させれば、そこに贈与税や相続税がかかりますし、30年の間にインフレが進めば、現金のままだと実質的な価値が失われるおそれがあります。だからこそ不動産、中でも都心の区分所有オフィスを持つ意味があるのです。

区分所有オフィスなら、中長期での運用にも十分耐えられますし、相続財産として相続させるときでも、現金に比べて相続税が圧縮されます。しかも30年間保有し続ければ、物件の価値が上昇する可能性もありますし、その間、十分なキャッシュフローを得続けることができます。

区分所有オフィスで不動産を保有し、かつ事業承継税制をきちんと活用して、相続時の税金など余計なことを考えずに、事業に積極的に投資をしていくべきでしょう。

どれだけ大金持ちでも、三代にわたって相続税を払い続ければ、財産はほぼ失われるといわれます。それだけ相続税は重いのです。だからこそ、区分所有オフィスを活用して、上手に資産を代々引き継げるようにするのが得策です。

それは自社を１００年存続する会社にするためにも、検討する価値は十分にあるはずです。

第5章

不動産を活用した資産形成と区分所有オフィス

不動産は「勝ちやすい資産」といえる

だいぶ昔の話になりますが、私は証券会社で働いていた経験があります。株式や債券、投資信託など、さまざまな投資商品を販売していましたが、そのとき、ふと思ったのは、金融と不動産の間にある非常に高い垣根です。

金融商品は、「商品」というワードが入っているものの、目に見えて、手に取れる商品とは違います。食べることもできなければ、着ることもできません。ということは、そこに「好み」という概念は入らないのです。金融商品を選択する際の基準は、つねに「儲かるか、そうではないのか」という一点に尽きます。

では、不動産はどうでしょうか。

不動産の価値が何によって決まるのかというと、それは立地であったり、使った年数だったりします。

例えば住宅であれば、そこに住むという経験がつねに伴います。そして、その経験は好みにつながっていきます。住宅なら、そこに住んだという経験があるからこそ、その建物を好きになったり、逆に嫌いになったりするのです。つまり金融商品のように、儲かったかどうかというだけでなく、好きか嫌いかという判断基準も含まれます。

それを前提にして考えると、不動産は「勝ちやすい資産」であることがわかります。割高なときに買えば損をするだけですが、割安なときに買えば、その後の値上がり益を享受できますし、価格が割安ですから、賃料が大きく変わらなければ、不動産価格が割高であるときに比べて、利回りも向上します。しかも、好き嫌いという判断基準で買う、買わないが決まるので、ほかの資産に比べて、割高、割安がつくられやすいのです。

それに気づいたことで、私は不動産ビジネスの世界に、新しい光明を見いだしました。不動産は、ほかの資産に比べて、割安なところを買いやすいので、独立してビジネスをするなら不動産が最も成功できそうだ、と考えました。

しかも、私がボルテックスを創業して物件を買い始めた時期は、1999年のことですから、非常に景気が悪い局面での船出でした。これは、私が考えていたビジネスアイデアにとっては、非常に追い風の時期だったのです。

当時の日本はバブル崩壊後の不況の影を色濃く引きずっており、しかも山一證券や日本長期信用銀行、日本債券信用銀行、北海道拓殖銀行など、大手金融機関が次々と経営破綻に追い込まれていた時期でもあります。景気もどん底に近い状態で、物価は継続的に下がっていく、典型的なデフレ局面でした。

景気は最悪の状態でしたが、当然のことながら不動産を仕入れるには、これほど絶好のチャンスはなかったのです。景気が悪かったので、とくにオフィスビルを中心にして相当に割安な価格水準で買うことができたからです。

一般的に、不動産ビジネスに精通した人は、割安な物件を手がけるのではなく、あくまでも「売りやすい物件」をターゲットにします。顧客側から見れば、顧客が好みやすい物件を手がけます。ただ、こうした物件は、どちらかというと住宅ローンもつきやすいので、大勢の人たちが見ており、当然のことながら物件の価格としては割高になる傾向が見られます。

ところが、私がボルテックスを立ち上げた当時は、不景気のどん底でしたから、オフィスビルはどんどん空室になり、結果的に非常に割安な価格水準で、これらの不動産を手にすることができたのです。

しかも、オフィスビルを1棟単位で売買するのであればまだしも、最初から区分所有になっている物件だと、ほとんど買い手がいない状態でした。その分、さらに割安に放置されていたのです。それは本当に悲惨な状態で、空室率が8%、あるいは9%もありました。実際、東京都内のどこを歩いていても、ビルを見ると空きがあり、まさにガラガラの状態でした。

私としては、単純に割安な資産を買っておけばどこかで報われるだろう、という程度の感覚で、割安に放置されていた不動産物件を次々に手に入れました。

もちろん、地価が継続的に下がっていく中で、不動産物件を買うのはいかがなものかという意見もあるでしょう。

でも、私なりにきちんと勝算を考えたうえでの行動でした。

確かに、景気が悪くなると借り手は減少します。これまでは100部屋あって、100部屋すべてが埋まっていたのに、景気が悪くなると、90部屋しか埋まらなくなるケースも生じてきます。

ただ、これが不動産の面白いところなのですが、景気が悪くなると、今度は縮小移転を検討する会社が必ずといってよいほど現れます。縮小移転とは、景気が悪くなり、売上が伸びず、したがって利益の幅も狭まるので、できるだけ経営コストを最小限に抑えるため、今の値段に比べて割安なオフィスビルに引っ越すことです。こうした移動が生じるので、価格設定さえ間違わなければ、テナントはきちんと入ってくるのです。

このように、自分自身で仮説を立て、例えば景気が悪いと何が起こるのかを推測していくと、自然にどういう資産クラスを保有するのが安心、かつ有利なのかが見えてくるのです。

区分所有オフィスは資産運用ではない

私たちは不動産ビジネスの一形態として、「区分所有オフィス」をお客様におすすめしています。

区分所有オフィスについて、改めてどういうものかについて説明しておきましょう。

通常、不動産賃貸業といえば、

・オフィスビルを1棟まるごと所有して、それをさまざまなテナントに貸し出して賃料を得る
・住宅地にアパートやマンションを建てて賃貸に回す
・ワンルームマンションを購入し、それをほかの人に貸し出して賃料を得る

といった方法が考えられます。

ただ、いずれも「帯に短し、たすきに長し」という面があります。

オフィスビルを1棟まるごと購入すると、例えば都心一等地の中規模ビルではかなり巨額の投資が必要になりますし、その資金がないからといってペンシルビルを2億〜3億円程度で購入すると、今度はオフィスとしてのインフラが整っていなかったり、前のオーナーがきちんと整備をしていなかったりして、余計なコストがかかります。

また、住宅地に建てられたマンションやアパート、あるいはワンルームマンションは、そもそも供給過多の面があるのと同時に、これから人口が減少傾向をたどっていくことを想定すると、賃料には下落圧力がかかり続けます。

少額資金で投資でき、かつ管理会社が間に入るため、管理の手間がかからないなどのメリットはありますが、賃料や物件価値に下落圧力がかかり続けるのは、優良資産として所有するのにふさわしくありません。

これに対して区分所有オフィスは、敷地面積100〜150坪の土地に建っている10階建てくらいの中規模オフィスビルが対象になります。ビル全体の価格の目安は20億〜100億円くらいです。

前述したように、中規模オフィスビルに対する需要は現在、非常にしっかりしており、将来的にもさらに高まっていく可能性があります。高い賃料が維持されることが期待できるだけでなく、資産価値のさらなる上昇も期待できます。

ただ、問題は1棟丸ごと買うには高すぎるということです。いくら資産家、あるいは自営業の方でも、20億円から100億円もの資金を、1棟のビルを買うためにサッと出せる人は、そうそういないでしょう。よしんば、それだけの資金を用意できたとしても、同じようなオフィスビルを2棟、3棟と所有できるかというと、これまた極めてハードルの高い話になります。

中規模とはいえ、需要の高いオフィスビルを所有するには、相当の資金力が必要になりますし、なんとか資金が集まったとしても、それで1棟だけを買ったのでは、分散投資効果を得ることができません。

でも、区分所有オフィスなら、都心に建っているオフィスビル投資の資金面のデメリットをなくすことができます。

区分所有オフィスとは、分譲マンションと同じように、1棟の建物を複数のオーナーで所有することです。オフィスビルであれば、フロア単位での購入になります。

例えば、物件価格が20億円の10階建て中規模オフィスビルであれば、1フロアあたりの価格は2億円になります。区分所有オフィスの仕組みを利用すれば、20億円のクオリティを持った競争力のある物件を、2億円で取得できるのです。

さて、区分所有オフィスをJ－REITやワンルームマンション投資など、いわゆる資産運用の種類の一つとして考える方がいらっしゃいます。確かに、物件を購入してテナントを入れ、そこから賃料を得るという流れからすると、区分所有オフィスを資産運用と捉えるのも無理はありません。

しかし実際には、これらを同列に比較することはできないといえます。なぜなら、区分所有オフィスを購入することは資産運用ではなく、あくまでもビル賃貸業だからです。

不動産という分野は共通していても、ワンルームマンション投資もJ－REITへの投資も、あくまでも「投資」であり、「事業」ではありません。一方、区分所有オフィスは投資ではなく事業なのです。

そして、世の中にあまたある事業の中でもビル賃貸業（貸事務所）は、第1章で触れたように老舗企業を業種別で見たトップになっています。

一口に不動産事業といっても、その業態はさまざまです。

例えば、ワンルームマンション投資の仲介業を行っていた不動産会社の多くは、バブル経済の崩壊とともに消えてしまいましたが、ビル賃貸業は長い歴史の中で存続している企業がたくさんあります。しかも、森ビルのように巨大企業になっているところもあるくらいです。

もっと言えば、100年企業ではなくても、1代、2代くらいの間に東京にオフィスビルを50棟くらい所有するに至った会社が、実は結構あります。そういう会社は、同族企業であったり、家族経営だったりするのですが、表に会社名が出てくるわけでもないのに、ものすごい資産価値の物件を持っています。

あるいは、第2章の山王パークタワーの話にもあったように、建て替えのたびに近くの物件と合わせて大きなビルになり、その一部の権利を持っているオーナーもいます。そういう人たちが持っている資産価値というのは、それこそ1000億円、2000億円と巨額にのぼります。

果たして、ほかの事業でここまで効率よく、資産価値を上げられるケースがあるでしょうか。どの会社でも、自らの資産価値を上げるために、日々、大勢の社員が力を合わせて努力しています。それはそれで大事なことですが、ビル賃貸業は所有する物件の立地さえ間違わなければ、勝手に資産価値が増えていく可能性があるのです。

言い方を変えると、ビル賃貸業は事業として非常に優れた特性を持っているのだといえます。

区分所有オフィスのメリットはこれから詳しくご説明しますが、1棟所有と比較した場合の区分所有の長所を表にまとめてみましたので、ご一読ください（178ページ）。

区分所有オフィスのメリット①
～高く、長く貸せる

区分所有オフィスの購入は、最低でも2億円程度の資金が必要になるので、誰もができるものではありません。ある程度の資産家、もしくは企業オーナーが中心になります。

それを前提条件として、区分所有オフィスを購入することで得られるメリットについてご説明しましょう。

第一に、「高く、長く貸せる」こと。一般にビルのグレードは、規模の大きさに比例します。大きな躯体《くたい》になると、その分だけ頑丈につくる必要がありますし、機能性やアメニティーも、建物の規模が大きくなればなるほど充実する傾向が見られます。

これをテナントの側から見れば、規模の小さな、例えばペンシルビルなどに比べれば、より大きなビルのほうが魅力的なので、賃料も高めに設定できます。実際、ボルテックスが取り扱っている中規模ビルは、ペンシルビルなどに比べると、はるかに高い賃料が得られます。

また、ビルの規模が大きいことは、賃料を高く設定できるだけでなく、寿命が長いというメリットも得られます。

それは、造りがしっかりしているからという理由だけではありません。小さなビルほど市場で淘汰《とうた》されるスピードが速くなるのです。

最近、東京都内のビルを見ていると、次々に大規模開発が行われ、規模の大きなビルが増えています。

前述したように、複数の中・小規模ビルを地主から買い上げ、新しく大規模ビルを建てる場合、元の地主たちは、新しく建てられる大規模ビルの一部権利をもらうことになりますが、それによって今まで以上にインフラが整ったビルにつくり替えられるため、むしろ資産価値は大きく跳ね上がるケースが多く見られます。

しかし、中には「先祖代々の土地を守る」などと言って、頑として譲らない地主もいるわけですが、そうなると、そこだけ除いた状態で大規模開発が進められます。巨大なハイスペックビルが建った隣に、小さなペンシルビルが建っている風景を想像してみてください。そのペンシルビルのテナントになろうという会社は、まずないでしょう。

こうして、大規模ビルの開発が進められていく中で、小規模ビルはどんどん淘汰されていきます。

実際、都内で50年以上経っている古いビルの多くが大型のビルです。中規模ビルの場合、大規模ビルに比べて寿命は短くなるものの、それでもペンシルビルなどに比べれば、はるかに有利な立ち位置にあるといえます。

つまり、中規模ビルを対象にした区分所有オフィスは、長期的に高い賃料を継続して受け取れる可能性が高いのです。それは、区分所有オフィスを購入した企業にとって、長期的に安定した収入が得られることを意味します。

区分所有オフィスのメリット②
～本業以外の収益で人件費などを賄う

魅力的な都心に建つ中規模ビルの区分所有オフィスを購入すれば、継続して安定した賃貸収入が得られます。

それが、事業を行っていくうえで、どれだけ安心材料になるのかは、実際に経営に当たっている経営者の方はよくご存じのことと思います。

これは本業の業種や売上規模にもよりますが、「純資産の3倍」あるいは売上高と同額の区分所有オフィスを所有すれば、人件費などの固定費を賄えるはずです。

といっても、一度にまとめて区分所有オフィスを購入する必要はありません。仮に売上高10億円の企業であれば、今後数年間をかけて合計で10億円相当の区分所有オフィスを複数、購入すればよいのです。

例えば、その賃貸物件から得られる賃料が年間4%だとしましょう。所有している区分所有オフィスが10億円分だとしたら、年間の賃料収入は4000万円になります。雇っている社員数にもよりますが、中小企業の規模であれば、人件費やオフィスの賃料などの固定費の大部分を賄うことができそうです。

よく、固定費を抑えるため、自社ビルを購入しようとする会社がありますが、それよりも、売上高に相当する区分所有オフィスを持つことによって、その賃料から固定費を賄うほうが合理的です。

もっと言うと、このように本業と連動しない収入は、内部留保の拡大に役立ちます。第1章で触れたように、内部留保の拡大は、事業を継続していくうえで必要な設備投資を行ったり、市場環境が激変したときにも耐えられる強固な財務基盤を築いたり、さらには新商品・サービスを開発して事業をより大きくしたりするのに役立てることができます。

区分所有オフィスのメリット③ ～突発的なコストを軽減できる

不動産を保有するのに、最も遭遇する確率の高いリスクは、「突発的な修繕コスト」でしょう。水回りや外壁が傷んで修繕の必要性が生じると、数百万円から1000万円程度の出費を覚悟しなければなりません。

もし、1人でビル1棟を保有し、そのビルに修繕の必要性が生じた場合、修繕費用は1

高い安定性

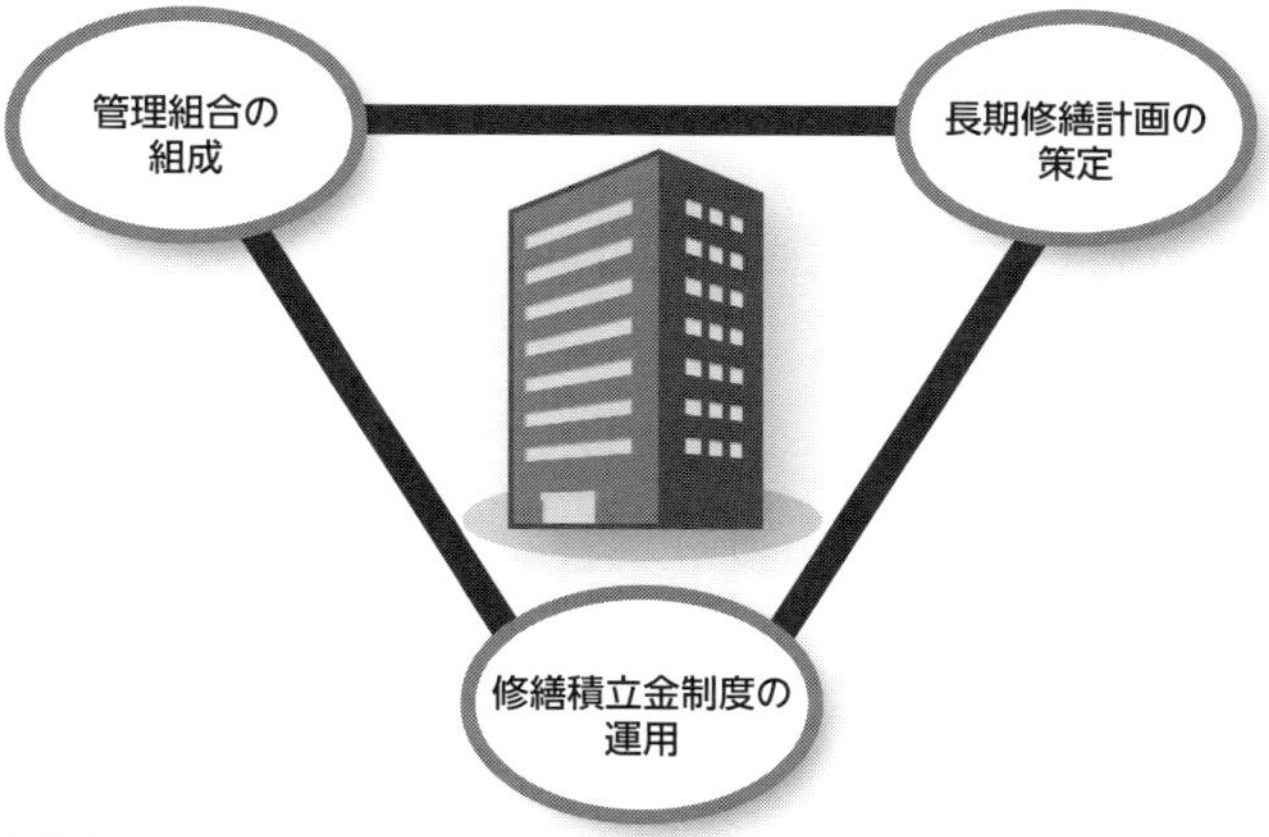

突発的かつ大規模な修繕リスクが平準化でき、**キャッシュフローの安定化**が進む

人で負担しなければなりません。

しかし、ボルテックスが提供している区分所有オフィスの場合、ボルテックスが理事長となりすべてのオーナー様が加盟する管理組合を組成、長期的な修繕計画を立てて、修繕にかかる費用も積立基金などを用いることで、あらかじめ予算を立てています。

したがって、ワンフロアを区分所有したオーナー様は、月々の修繕積立金を負担する必要はありますが、修繕コストはその積立金から支払われるため、突然の大きな出費が生じることを心配する必要がありません。結果、キャッシュフローが安定します。

区分所有オフィスのメリット④
～安全なレバレッジ活用が可能

「レバレッジ」という言葉を聞いて眉をひそめる人もいると思います。

レバレッジとは、銀行からの借り入れを活用して、手元資金の数倍の取引を行うことです。この仕組みを利用して高いリターンを狙うものとしては、株価指数先物取引やオプション取引、あるいはＦＸなどが代表的なところでしょうか。

ただ、これらの金融商品のレバレッジは、相場の読みを間違えると、元本を全額失うリスクがあります。

この点、区分所有オフィスなら、ある程度の安全性を確保しつつ、レバレッジをかけた取引が可能です。

区分所有オフィスの価格は、小規模なもので1億円以上、中心価格帯だと2億円から3億円になります。大金持ちなら、この程度の資金は大したことはないと思いますが、中小企業経営者の方や多少のお金持ちの方が簡単に動かせる資金ではありません。そこで銀行から借り入れを起こして、区分所有オフィスを購入するケースが多くあります。

億単位の借り入れになりますから、心配になる気持ちもわかりますが、区分所有オフィスの場合、株式投資に比べると、値動きは比較的穏やかです。

株式投資は最悪、元本の大半を失うおそれがありますが、区分所有オフィスの場合、例えば都心のオフィスビルであれば、長期的に見て値上がりする可能性はあるものの、大きく値下がりするリスクは、かなり小さいと考えられます。当然、株式投資のように元本がゼロになるようなことは、ほとんど考えられません。

むしろ、レバレッジをかけて複数の区分所有オフィスを保有すれば、資産の分散効果も得られます。多くの日本人は総じて、お金を借りることに対して嫌悪感にも似た気持ちを抱きがちですが、その気持ちを捨てることが資産家への第一歩です。自分で想定できるリスクの範囲内で、上手にレバレッジを活用する方法を考えましょう。

区分所有オフィスのメリット⑤ ～ポートフォリオ運用が可能

ボルテックスで区分所有オフィスを購入している方は、一度きりで終わりではなく、継続的に複数の物件を追加購入するケースが多く見られます。

次表はお客様の事例ですが、委託資産額で個人トップの不動産賃貸業の方は、２０２２

お客様実績（委託資産上位30傑）

2024年3月時点

順位	カテゴリー	業種	取得件数	取得金額	取引開始年月
1位	法人	介護事業	10件	9,638,350,000円	2020年 3月
2位	法人	生産用機械製造業	7件	5,713,200,000円	2021年 12月
3位	法人	機器販売業	6件	5,620,800,000円	2021年 9月
4位	法人	縫製機械製造業	8件	5,397,200,000円 ※	2018年 9月
5位	法人	食料品製造業	13件	4,805,400,000円 ※	2014年 7月
6位	法人	IT業	5件	4,496,340,000円	2021年 10月
7位	法人	厨房機器製造業	11件	3,895,810,000円	2013年 2月
8位	法人	金属加工業	17件	3,816,300,000円 ※	2009年 4月
9位	法人	小売業	6件	3,545,000,000円 ※	2017年 7月
10位	法人	娯楽業	6件	3,495,800,000円	2016年 9月
11位	法人	建設業	4件	3,476,340,000円	2022年 12月
12位	個人	不動産賃貸業	5件	3,461,540,000円	2022年 6月
13位	法人	燃料小売業	7件	3,419,300,000円	2017年 5月
14位	法人	紙製品製造業	7件	3,165,400,000円	2019年 2月
15位	法人	医薬品製造販売業	4件	3,064,500,000円 ※	2017年 3月
16位	法人	器械製造販売業	4件	2,886,900,000円	2023年 4月
17位	法人	繊維衣類卸業	10件	2,834,970,000円	2016年 10月
18位	法人	不動産管理・賃貸業	2件	2,824,800,000円	2019年 1月
19位	法人	不動産賃貸業	4件	2,821,000,000円	2018年 9月
20位	法人	食料品製造業	8件	2,817,100,000円	2015年 4月
21位	法人	不動産業・物品賃貸業	15件	2,681,900,000円	2021年 12月
22位	法人	不動産賃貸業	4件	2,676,100,000円	2018年 3月
23位	法人	ユニフォーム製造業	3件	2,667,950,000円	2019年 8月
24位	法人	不動産賃貸業	5件	2,581,590,000円	2022年 10月
25位	法人	電気機械器具製造業	3件	2,493,494,100円	2016年 5月
26位	法人	ベビー用品販売業	17件	2,478,500,000円 ※	2009年 1月
27位	個人	食料品製造業役員	6件	2,472,600,000円	2015年 7月
28位	法人	資産管理業	3件	2,365,300,000円	2020年 3月
29位	法人	サービス業	1件	2,346,700,000円	2023年 12月
30位	法人	建築金物製造業	4件	2,290,100,000円 ※	2017年 2月

※個人取得分を含む

年6月からお取引を開始してくださり、現在の委託資産額は34億6154万円。合計で5つの区分所有オフィスを持っていらっしゃいます。

ほかにもさまざまな方がいらっしゃいますが、委託資産額で上位30位までの方を見ると、所有件数が最も多い方だと17件もの区分所有オフィスをお持ちです。この点からも、ボルテックスの区分所有オフィスは、積み上げ型であることがおわかりいただけるでしょう。

大半のお客様は、最初に区分所有オフィスを購入する総予算を決めて、その範囲内で適宜、予算に見合う物件が見つかったときに買い足していく、という方法をとっています。

この方法のよいところは、自分の予算感に合わせて区分所有オフィスを購入でき、それがリスク分散につながることにあります。もちろん、都心に建つオフィスビルの区分所有権は、非常に優良な資産であり、値落ちや空室リスクが極めて低いのですが、それでも万が一ということは起こりえます。そういう事態に直面した場合に備えて、複数の区分所有権を持つのは、まさにリスク分散です。

それに、複数の異なるオフィスビルの区分所有権を持つことによって、オーダーメイドのバーチャル・ビルを持つという、ちょっとした遊びもできます。どういうことかというと、1棟で40億円の6階建てビルを保有するよりも、総額40億円で所在地の異なる6つのビルの区分所有権を持つのです。まさに異なるビルを組み合わせた、バーチャル・ビルを

区分所有ポートフォリオ運用

予算や目的に応じて最適なエリアと物件をワンフロアずつ選択、自由に組み合わせてオーダーメイドの仮想ビルをつくるというプランが可能なのも「区分所有オフィス」ならでは

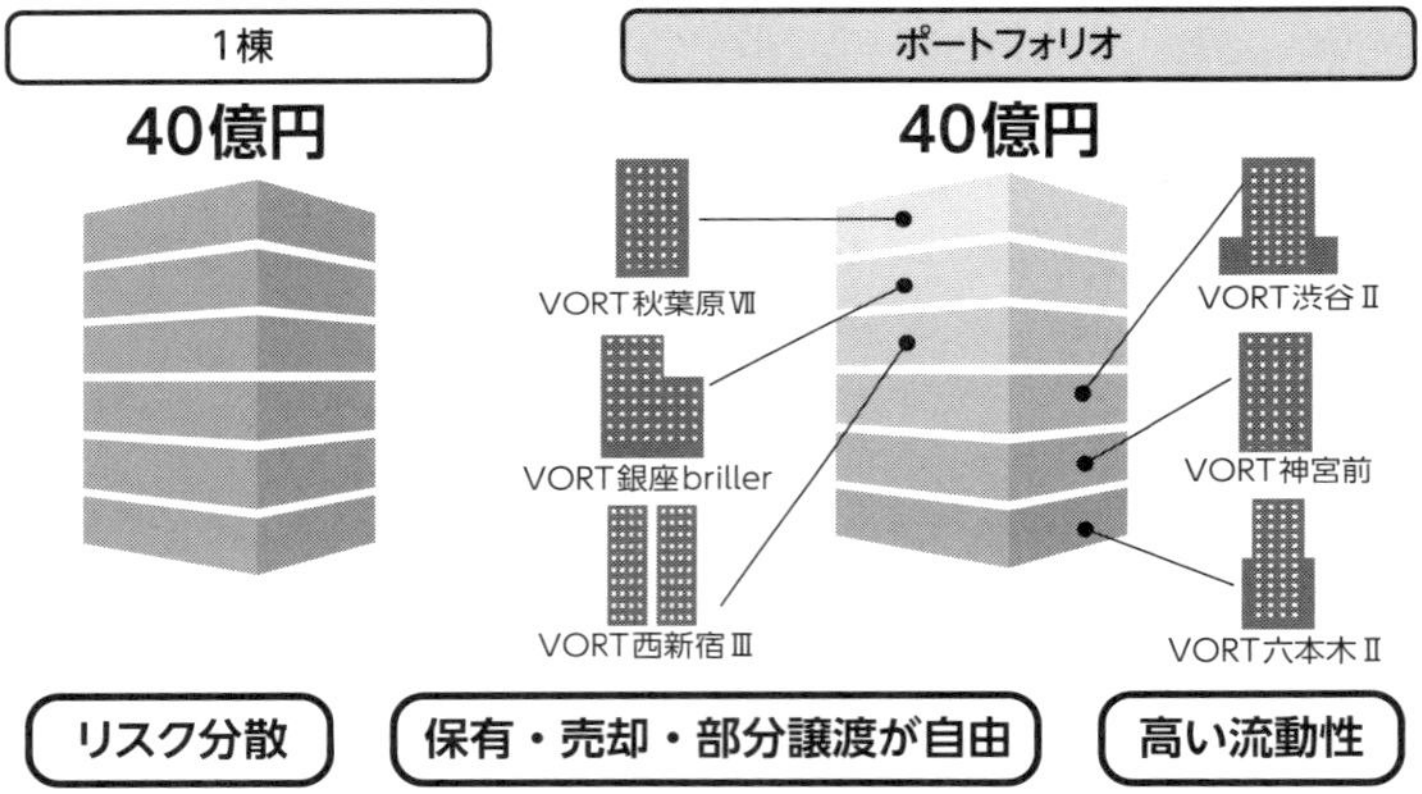

※VORTについては175ページ参照。物件と総額はイメージ

建てたのと、同じ効果が得られます。

例えば、1階がVORT六本木Ⅱ、2階がVORT神宮前、3階がVORT渋谷Ⅱ、4階がVORT西新宿Ⅲ、5階がVORT銀座briller、6階がVORT秋葉原Ⅶ、という具合になるのですが、想像しただけでも面白くありませんか。

このように、ポートフォリオで区分所有オフィスを持つと、売却時にも大きなメリットが得られます。

もし、オフィスビル1棟を1人で購入すると、現金が必要になり、預貯金が足りなくてビルを売却しなければならない事態が生じたときには、売却手続きに非常に長い時間がかかります。

いきなり40億円で手持ちのオフィスビ

ルを売却しようとしても、そう簡単に40億円もの資金を用意できる人など、ざらにはいません。売却までに気の遠くなるような期間がかかります。

加えて、例えば10億円の資金を調達するために、40億円のビルを苦労して売却してしまったら、残りの30億円で買える別の物件を探さなければなりません。これはこれで、かなり苦労する話です。

その点、複数の区分所有オフィスでポートフォリオを組んでいれば、もし10億円の資金が必要になったときは、10億円分の区分所有オフィスを売却し、残りはそのまま継続で保有し続ければよいだけです。資金面の余裕がある方には、ぜひとも複数の区分所有オフィスでポートフォリオを構築することをおすすめします。

※VORT®……VORTシリーズとは、「区分所有オフィス」の優れた収益性・流動性の〝象徴〟ともいうべきハイクオリティ・ブランドです。最大の特徴としては、「区分所有オフィス」のパイオニアであるボルテックスならではのコスト削減や管理ノウハウなど、経験に裏打ちされた充実のサービスが構築されていること。取得後の管理も安心な高付加価値物件として、高い評価をいただいています。

区分所有オフィスのメリット⑥
～高い流動性

不動産は、あらゆる資産の中でも抜群に安定性の高いものであることは、多くの読者

高い流動性

「区分所有オフィス」が高い流動性を維持できる3つの理由

1 小口化することで **購買層が拡大**するため

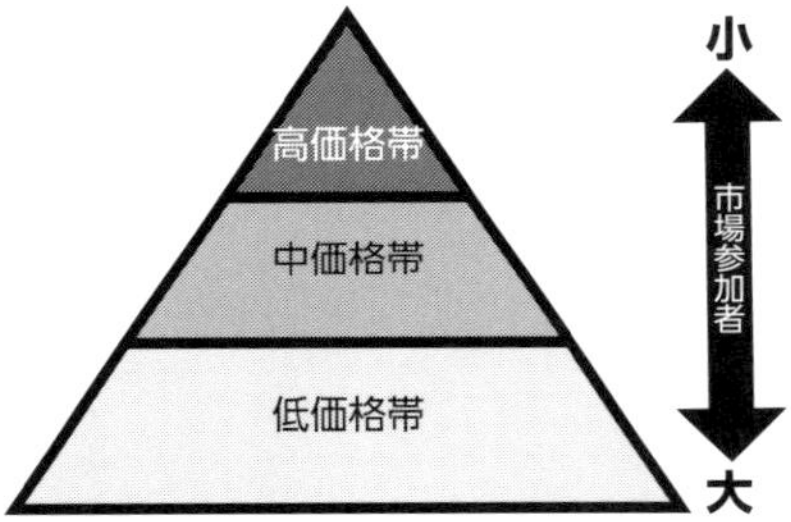

さらに、「区分所有オフィス」のメリットを十分に理解したボルテックスのオーナー様同士で独自のマーケットが形成されており、いざ現金が必要になった際の売却も容易

売却スピード〈平均売却所要日数〉 **103日**

※2013年3月から2024年3月までに、ボルテックスがオーナー様より媒介依頼を受けて仲介販売した物件の平均日数

2 透明性の高い情報提供により **お客様の意思決定が速い**から

「オーナー様専用サイト」では、参考値価格で売却した場合における、仲介手数料・譲渡税・ローン残高元本控除後の金額を確認できる

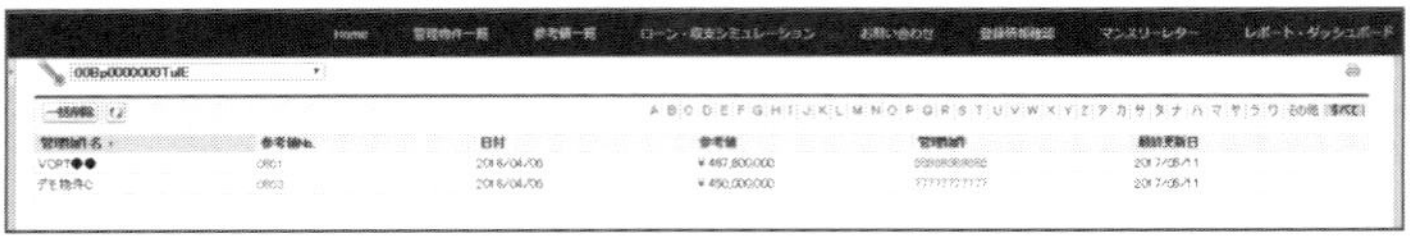

3 一般投資家が形成する市場なので **市況の良し悪しに流されない**から

■販売顧客数

■お客様実績（委託資産上位30傑）

順位	カテゴリー	業種	取得件数	取得金額	取引開始年月
1位	法人	介護事業	10件	9,638,350,000円	2020年 3月
2位	法人	生産用機械製造業	7件	5,713,200,000円	2021年12月
3位	法人	機器販売業	6件	5,620,800,000円	2021年 9月
4位	法人	縫製機械製造業	8件	5,397,200,000円 ※	2018年 9月
5位	法人	食料品製造業	13件	4,805,400,000円 ※	2014年 7月
6位				4,496,340,000円	

の方にもおわかりいただけたかと思います。

ただ、一つ大きな問題があります。それは流動性が低いことです。流動性とは、現金化したいと思ったとき、すぐにそれが可能かどうかという問題です。

例えば上場株式は、売却手続きをした日から起算して3営業日目に現金を受け取ることができます。普通預金なら、キャッシュカードをATMに入れればすぐに現金を引き出すことができます。

では、不動産はどうでしょうか。

もちろん、物件によっても流動性は大きく異なります。例えばマンションや戸建ての場合だと、不動産会社と売却の媒介契約を結んでから買い主探しをしますので、買い主が見つかって引き渡し、入金まで、平均で3カ月は必要です。価格設定が高めだと、それこそ1年以上かかるケースもあります。不動産仲介業のアットホーム社の調査によると、住宅の売却は平均しておよそ6カ月かかっているとのことです。

この点、ボルテックスが扱っている区分所有オフィスの場合、圧倒的に短期間で売却できます。なぜなら、ボルテックスのほかのお客様同士で流通市場が形成されているからです。

前述したように、ボルテックスで区分所有オフィスを購入してくださっているお客様は、

区分所有オフィスのメリット

通常の1棟	比較内容	区分所有オフィス1棟
希望のエリア・金額にマッチした物件を探す必要があり、今すぐ購入することができない	**金額とタイミング**	オーダーメイドでどんな価格帯でも、ただちに用意することができる
予算の関係で複数棟を購入することは困難	**エリアのリスク**	銀座、青山、渋谷など複数のエリアを組み合わせて購入可能
複数フロア利用のテナントが退出するとダメージが大きい	**空室リスク**	エリア、フロアを分散して保有するのでリスクヘッジすることができる
1棟ではカテゴリー、築年数、規模、金額はフィックス。同時に複数の選択をすることはできない	**カテゴリー・物件**	オフィスビル、商業ビル、コンビニ入りビルなどの組み合わせ、築浅と再開発予定物件、大中小の規模・価格など、同時に自在な組み合わせをすることができる
1棟全体ではボリュームが大きいため、購入・売却時など時間を要し、ポートフォリオの組み換えが容易ではない	**ポートフォリオ**	ワンフロアずつ売却することが可能であり、自社オフィスとしての利用や値上がり期待など、用途や目的に応じたポートフォリオの組み換えも容易である
つねに1棟を売るか売らないかの選択を迫られ、心理的な負担も大きく、組み換えには時間がかかる	**組み換え**	値上がりしたフロア売却で得た資金をほかのフロアの借入返済に充てるなど、資金運用・調達が自由自在
大規模修繕などにより、突発的コストが発生し、収支が乱れやすい	**キャッシュフロー**	専有部のみ保有で、共有部は管理組合運営のため、突発的コストが生じない
共有名義になることで、「争族」の原因になりうる	**相続**	相続人ごとのフロア所有により、円満分割が実現でき、納税資金が必要な場合は一部フロアの売却も可能
1棟を保有し続けるか売却するかの選択しかなく、空室発生や賃料下落などで返済計画が乱れる場合がある	**返済計画**	値上がりしたフロアを売却して得た資金を、他フロアの借入返済に充当するなど、フレキシブルな返済計画が可能
物件価格が10億円以上だと買い手が限られ、売買マーケットも狭くなるため、流動性は高くない	**流動性**	小口化されているため、売買層も広がり需要が見込め、短期間での売却が可能であり、高い流動性を確保できる
老朽化により建て替えを要する際、新しいものが建つ間、賃料収入が途絶えてしまう	**建て替えリスク**	分散して保有することにより、建て替えの際にほかの物件からの賃料収入が入り収入が途絶えない

1回だけの取引ではなく、2回、3回とリピーターになって複数の区分所有オフィスを購入してくださっています。そのため一度、取引してくださったお客様には、2回目、3回目と引き続き購入してくださる際、どういう物件を希望しているのかを伺うようにしています。

それがデータベースに蓄積されているので、ほかのお客様が保有している区分所有オフィスを売却したいと申し出てこられたときには、その物件を購入したいというお客様を簡単に見つけることができるのです。

ボルテックスの区分所有オフィスを売却する場合にかかる期間は、平均で103日、最短で当日に即決というケースもありました。もちろん、それを確約することはできませんが、過去の経験から言うと、ほぼその程度の期間で売却できます。

さらなる小口化を目指します

今、欧米の年金基金や投資ファンドは、日本の不動産市場に強い関心を持っています。すでに米国などの不動産価格は大きく値上がりしていますが、日本はまだそこまで値上がりしているわけではなく、ようやく欧米各国にキャッチアップしてきた局面ですし、そもそも欧米の投資家は、日本の不動産のポジションを、現時点でもそれほど高めているわけではありません。つまり、まだまだ買い余地があるのです。

では、彼らがどのような不動産に投資するのでしょうか。

少なくとも、地方の一般的なマンションや、木造のアパートを買うようなことは絶対にありません。彼らが投資する資金は、1000万円、2000万円といった小ロットではなく、それこそ数百億円から数千億円単位になりますから、小さな物件を小分けにして投資するわけにはいかないのです。それこそ麻布台ヒルズを1棟、まるごと購入したいというのが、彼らの本音です。

そして実際に日本の不動産市場では、欧米の投資家が希少性の高い大型物件を次々に手中に収めています。日本の大手不動産会社も入札には参加するものの、資金力で欧米の投資家には太刀打ちできません。

私は、東京都心の不動産は、世界のさまざまな富の中でも、最も高いクオリティを持つものの一つと考えています。

しかし、日本企業の中には、極めて高い資産価値を有する不動産を持っているにもかかわらず、アクティビストたちから「余計な資産を持っていると経営効率が下がる」などと言われ、わざわざ資産価値の高い不動産を手放したりしています。そして、彼らが手放した極めて資産価値の高い不動産を、片っ端から海外の投資家に買われているのが現状なのです。

言い方は悪いと思いますが、日本は今、海外勢によって蹂躙《じゅうりん》されているといっても過言ではありません。

私たちボルテックスでは従来の「区分所有オフィス」の1フロアの資産価値をさらに多くの方にお届けするために、区分所有オフィスを任意組合による不動産特定共同事業や不動産信託受益権として販売する「Vシェア®」という不動産小口化商品を開発し、2016年から販売を開始、これまで個人単位ではなかなか投資しにくかったプライムエリアのオフィスビルに投資できる道を切り開いてきました。

加えて2024年には世界屈指の商業地ともいうべき、東京銀座にある「GINZA SIX」のオフィスフロアを販売開始。それを小口投資できる仕組みをつくりました。誰もが憧れるプレミアムエリアである東京銀座のど真ん中に位置するGINZA SIXを、1000万円から所有できるようになるのです。

第4章でも触れましたが、今や東京都内のプレミアムなマンションは、坪単価が3000万円にもなっています。

ところが、賃貸にすると、それよりもはるかに高い家賃が得られるGINZA SIXの不動産価格が、坪1000万円というのは、明らかに価格形成として合理性に欠けるところがあり、おそらく今後10年程度で、この差を埋めてくる可能性が高いと考えています。つまり安定した家賃収入に加え、キャピタルゲインも十分に狙えます。私は、こうした世界の宝ともいうべき日本の非常に高いクオリティを持つ不動産を、一人でも多くの日本人に所有してもらいたいと願っています。

そこで、さらなる打ち手も考えています。

例えば従来のVシェアは500万円からですが、電子募集の形を取ることによって、これを50万円まで小口化することや、さらにその先には、セキュリティ・トークンを用いて、500円からの小口投資も可能にしていきたいと考えています。500円まで小口化ができれば、誰でも都心のオフィスビルに投資できるようになります。

世界有数の不動産に500円から投資できる仕組みをつくり、日本人の資産ポートフォリオをより豊かなものにする。ボルテックスは不動産の観点から、日本の資産運用立国に寄与していこうと考えています。

終章

100年企業をつくる

事業継続が会社の使命

本書の第1章でも触れましたが、日本には今、創業から100年を経過している長寿企業が、全部で4万社以上あります。

世界的に見ても、これだけ長寿企業がたくさんある国は希有であり、まさに日本が世界に誇れる大事な資産であるともいえるでしょう。

この100年を振り返ると、日本はまさに激動の歴史でした。2024年から100年さかのぼれば1924年。元号で言うと大正13年です。すでに欧州では第一次世界大戦は終結していたものの、世界を巻き込む戦禍はこれで収まらず、1939年には第二次世界大戦が勃発。1945年に終戦を迎えましたが、日本は敗戦国になり、主要都市は空襲によって焼け野原状態でした。

そこから日本は高度経済成長へと向かい、1980年代の後半には、すさまじいばかりの資産バブルが発生。しかし、1990年代に入ってからの日本経済は、資産バブルを支えた株価と地価が暴落し、金融不安が高まるなど、バブル崩壊による長期低迷を余儀なくされました。

こうした時代の荒波の中で、不幸にして倒産してしまった企業はたくさんあります。その一方で、長寿企業はさまざまな工夫をしながら乗り切り、現代に命脈をつなげてきました。

私たち株式会社ボルテックスは、2018年4月に社内シンクタンクとして、「100年企業戦略研究所」を設置しました。2022年2月には、より中立的な立場で活動を拡大するため、同シンクタンクを一般社団法人化し、外部研究機関や各界有識者と連携して、長寿企業や企業の持続可能性に関する研究活動も開始しました。

なぜ、私たちが長寿企業にこだわるのかというと、事業継続こそが企業に課せられた最大の使命であると考えているからです。

私が初めて会社を立ち上げたとき、「もしも自分が顧客の立場だったら相手に何を望むか」についていろいろと思いを巡らせました。そのときに頭に浮かんだのは、「世界一のシェアを取ることよりも、売上で日本一になることよりも、同じサービスをずっと提供してもらいたい。供給側の都合で勝手に倒産しないでほしい」ということでした。

一度、会社を立ち上げたなら、事業を継続させるのが経営者の使命です。それは、日本全国にある「会社」と名のつく組織、すべてに当てはまりますし、もちろん私たちの事業にも言えることです。今まで提供されていた製品、サービスが、ある日突然、供給されなくなったら、大勢の人が迷惑を被りますし、倒産した会社に勤めている社員やその家族も含め、大勢の人たちの生活に影響を及ぼします。

とくに、私たちのような資産管理ビジネスは、そのサービスを利用してくださるお客様とは、長いお付き合いになります。とりわけ不動産賃貸事業の性質からすると、それこそ建て替えも含めれば、50年、100年という長い時間軸で事業を遂行していくのが当たり前ですから、なおのこと事業を継続させる力が求められるのです。

このような背景から、事業の継続性を重視し、創業から100年以上が経過している長寿企業のことを研究し、その哲学、歴史観、文化やビジネスモデルを学ぶ機会をつくるのが100年企業戦略研究所の狙いです。

長寿企業の特徴は、多くが実直です。決して派手なことをするわけではなく、非常に堅実です。

かといって、新しいことにはいっさい手を出さないわけではなく、むしろ非常にしっかりと新しいことにもチャレンジしています。商材にしても参入しているマーケットにしても、さまざまな部分で起こる変化の波に、きちんと対応しようとします。

ただ、そのようなさまざまなチャレンジの繰り返しの中には、つねに成功事例ばかりではなく、失敗もあります。あるいは、どれだけ素晴らしいビジネスモデルを思いついて実行したとしても、時代やマーケットが変化すれば、通用しなくなる部分が必ず生じてきます。

東京は長寿企業数が最も多く、業種別では「貸事務所業」が1位

（2021年時点）

●都道府県別ランキング

	本社所在地	長寿企業数
1	**東京都**	**4,449**
2	大阪府	2,446
3	愛知県	2,193
4	京都府	1,653
5	新潟県	1,589
6	北海道	1,534
7	兵庫県	1,507
8	静岡県	1,436
9	神奈川県	1,231
10	埼玉県	1,188

※ 構成比の母数は40,913社

●長寿企業 業種別ランキング 東京版

	業種	長寿企業数	構成比（%）
1	**貸事務所業**	**294**	**6.61**
2	大学	84	1.89
3	他の非営利的団体	72	1.62
4	印刷業	70	1.57
5	建築工事業	68	1.53
6	その他の投資業	67	1.51
7	出版業	63	1.42
8	貸家業	62	1.39
9	高等学校	58	1.30
10	内装工事業	53	1.19

※ 構成比の母数は4,449社

創業100年を超える長寿企業の数は、東京都が4,449社と最も多い。さらに、東京都の長寿企業を業種別で見ても「貸事務所業」が1位となっている。世界の大企業が集まる東京においても「貸事務所業」の事業継続性の高さが示されている。

（出所）帝国データバンクのデータを基にボルテックス作成

大事なのは、会社がそのような潮目の変化に直面し、今までの商材やマーケット、ビジネスモデルが通用しなくなったときでも、事業を継続していくための備えを持っているということです。

ここで、東京に拠点を持つ会社と地方中心の会社との差が生じてきます。東京に拠点を持つ会社は、経営が厳しくなって資金繰りに窮したときでも、切り売りできる固定資産を持っています。つまり不動産です。

もちろん、最近創業したような会社はそうではありませんが、東京を拠点にして長年、経営を続け

てきた会社は、なんらかの固定資産を持っています。それが今、とてつもない価値を持つようになったため、売却すれば経営難を乗り切るのに必要な現金を手にできます。

逆に、地方の会社になると、いくら広大な土地を持っていたとしても、不動産の価値が非常に低いため、固定資産を切り売りして難局を乗り越えようとしても大した現金にならず、最終的には資金ショートして倒産に追い込まれるケースがあるのです。

100年企業はPLよりBSが大事

財務諸表のＢＳ（貸借対照表）とＰＬ（損益計算書）は、会社の状況を把握するうえで必須です。

貸借対照表はバランスシートともいいます。資産、負債、純資産の状況を把握するもので、会社の財務内容を示しています。これに対して損益計算書は、会社の一会計期間における経営成績を示すものです。売上から各種コストを差し引くことによって、最終的にどれだけの利益（あるいは損失）が生じたのかを示しています。

バランスシートは会社のストックの状況を示し、損益計算書はフローの状況を示すともいえます。

会社の状態を見るためには、もちろん両方の数字をチェックする必要があるのですが、ベンチャー企業のように、まさに今、伸び盛りの状態にある会社の場合は、売上と利益が大事なので、貸借対照表よりも損益計算書を重視します。

これに対して、100年企業のように長期的に経営が継続するかどうかを見るためには、どちらかというと貸借対照表のほうが重要になってきます。

貸借対照表は、ある一定の時点における資産と負債、純資産の状況が示されています。具体的には、貸借対照表は左側と右側に分かれていて、左側が資産、右側が負債と純資産になります。そして、負債と純資産の合計額は必ず資産の総額と同じになります。

このように、左側と右側の数字が常にバランスを取ることから、貸借対照表のことを「バランスシート」と呼ぶのです。

会社の経営を資金面から見ると、株式を発行して複数の投資家に持ってもらったり、経営陣が自分たちで当座の運転資金を準備したりします。いうなれば事業をスタートさせるためのタネ銭のようなもので、これが純資産になります。

次に、それだけでは資金が足りないので、銀行から融資をしてもらいます。これが負債です。

そして、純資産と負債を合わせた資金を用いることによって、製造業であれば工場を建

貸借対照表

（平成　年　月　日現在）　（単位：百万円）

科目	金額	科目	金額
（資産の部）		（負債の部）	
流動資産	46,394	流動負債	11,914
現金及び預金	11,984	買掛金	673
販売用不動産	30,054	短期借入金	5,434
仕掛販売用不動産	3,353	1年内償還予定の社債	68
前渡金	285	未払法人税等	2,251
繰延税金資産	257	前受金	1,262
未収消費税等	116	預り金	1,222
その他	343	賞与引当金	153
		設備保証引当金	24
固定資産	35,347	家賃保証引当金	75
有形固定資産	32,218	その他	748
建物	11,560		
構築物	1	固定負債	50,286
車両運搬具	0	社債	1,564
工具器具備品	179	長期借入金	43,391
土地	20,411	リース債務	17
リース資産	30	長期預り金	5,313
建設仮勘定	35		
無形固定資産	72		
ソフトウエア	61	負債合計	62,201
その他	11		
		（純資産の部）	
投資その他の資産	3,056	株主資本	19,565
投資有価証券	0	資本金	140
関係会社株式	524	資本剰余金	40
長期前払費用	7	資本準備金	40
繰延税金資産	193	利益剰余金	19,383
関係会社出資金	15	利益準備金	21
その他の関係会社有価証券	1,925	その他利益剰余金	19,361
その他	389	繰越利益剰余金	19,361
繰延資産	24		
社債発行費	24	純資産合計	19,565
資産合計	81,766	負債・純資産合計	81,766

て、原材料を仕込み、製品をつくり、ある程度の在庫を持ちながら、それらを販売して売上につなげていきます。つまり、負債と純資産を合わせた資金を用いることによって買い付け、製造したさまざまなものが、その会社の資産になるのです。

　問題は、資産の部です。貸借対照表を見ると、上に記入されている勘定科目から、「現金及び預金」「販売用不動産」「仕掛販売用不動産」……と並んでいますが、この順番は、流動性の高い順になっています。当然、現金や預金は最も流動性が高い資産です。

　ここで言う「流動性」とは、どのくらいの期間で現金化できるかという点が問われており、流動資産については1年以内に現金化できるものと決められています。

また、資産の部の下になるほど、流動性に欠けている資産が並びます。これを固定資産といって、現金化するまでに1年超の期間を要するものが該当します。固定資産には建物、構築物、車両運搬具、機械、装置などがあります。いずれも現金や預金のように、いつでも現金化できるものではありません。

さて、貸借対照表の概念をわかっていただいたうえで、ここからが、この話の要諦になります。

企業会計の勉強をすると、必ずといってよいほどいわれるのが、固定資産は現金化するのに時間がかかるので、経営の安定性という点から考えると、流動資産に比べて固定資産が多い企業は、財務健全性の面で望ましくないということです。

しかし、それを常識だと考えているのであれば、そろそろ考え方を変えるべき時期に来ていると思います。というのも、本書でもここまでに触れてきたように、これからは壮大なスケールでバリューシフトが起こると考えられるからです。

確かに、今までの時代は「現預金」が最も安全な資産といわれてきました。理由は元本割れしないからです。

ただ、それは日本においてはバブル崩壊によってデフレが長期にわたって続いたからでもあります。デフレとは、継続的に物価が下がっていく経済状況のことです。物価水準が下がれば、ただ現金を持っているだけで、現金の価値は上がっていきます。

そのデフレがあまりにも長く続いたため、現預金で持っておくのがいちばん安全だという考え方が日本ではすっかり定着しました。そのため、企業会計の分野においても、流動資産を多めに持っている企業のほうが、財務健全性という点で望ましいという考え方がまかり通ってきたのです。

しかし、これからは変わってきます。資産の価値が、「安全性の高いもの」から「希少性の高いもの」へとバリューシフトしていくのです。

アベノミクスによって、日本銀行は量的・質的金融緩和を2013年4月から現在に至るまで、継続的に続けてきました。その結果、2024年3月には日本銀行が「金融政策の枠組みの見直しについて」の公表文の中で「2%の『物価安定の目標』が持続的・安定的に実現していくことが見通せる状況に至ったと判断した」とするに至りました。ただし一方で、同じ公表文では「現時点の経済・物価見通しを前提にすれば、当面、緩和的な金融環境が継続すると考えている」とも記されています。

これは、今後は2%程度の物価上昇率を維持し続けるような金融政策をしていくということですが、資本主義においてはそもそも弱いインフレが望ましいとされていますから、極めてまっとうな姿勢だといえるでしょう。

弱いインフレが望ましいとされる理由はいくつかありますが、例えば、

- 弱いインフレは、消費者に「今買わないと価格が上がる」という心理を生み出し、消費を促進するため、企業の売上が増加し、経済全体の成長につながる
- インフレ期待は、現金の価値が時間とともに低下するため、投資によってリターンを得ようとする動機が高まり、企業や個人に現金保有よりも投資を促すことで経済が活性化する
- 弱いインフレは、借り手にとって実質的な債務負担を軽減させる効果がある
- 株式や不動産などの実物資産は、弱いインフレ下でその価値を維持しやすくなるため、投資家にとって好ましい環境をつくり出す
- 弱いインフレは、企業にコスト上昇に対応するための生産性向上や新製品開発に取り組む動機を与える

といったものがあります。

このような時代に、現金を抱え込むとむしろリスクがあるのは当然だといえます。では現金を何に換えるかといえば、第1章でも触れたように、希少性の高い資産が注目されるのです。そして希少性の高い資産の筆頭候補が都心一等地の不動産なのです。

貸借対照表の資産の部において、これまでの常識では流動資産を多めに持つのが望ましいといわれてきました。しかし実は、その流動資産の中でも最上位にあった現金預金の価値が後退していくおそれがあるとしたら、流動資産を厚めに持つのは、むしろ企業経営にとってリスクが高い、ということになります。

事業継続性を重視して100年企業を目指すなら、これからの時代に高めるべきは流動資産ではなく固定資産です。それもできるだけ優良な固定資産である都心一等地の不動産を、できるだけ多く持つことをおすすめします。

本業とは関係のない優良な不動産こそが会社を支える柱となる

東京に不動産を持ち、いざというときにはそれを切り売りすることで、事業の継続性を担保できるのは、長い社歴があり、かつ東京に自社ビル、工場などを持つ企業です。東京の不動産を持てば、会社の資産価値を高めることができます。

加えて、長い社歴を持つ企業の場合、その不動産を極めて安い価格で購入できているはずです。つまり、所有している不動産の含み益が莫大になっている可能性が非常に高く、いざという場合にそれを売却することで、事業の継続性を維持できるのです。

1980年代のバブル経済で、湾岸近辺に土地を持っている企業の株価が大きく上昇しました。石川島播磨重工業（現ＩＨＩ）、東京ガス、日本鋼管（現ＪＦＥホールディングス）などはその代表例で、これらを「ウォーターフロント関連銘柄」と称しました。中でも石川島播磨重工業の株価は、1986年の安値である150円から、1988年11月には1600円まで値上がりしました（2017年に10株を1株に併合する前の価格）。これはまさに、東京の湾岸地区に持っていた膨大な土地が、高く評価されたからです。

これらの会社は、それこそ大昔から東京に工場を持ち、操業していたからこそ、莫大な含み益を持つ不動産を資産として保有できました。ほかにも同じような会社はたくさんあります。

例えば大手新聞社。都内の中心部に本社ビルを構えているケースが多くありますが、それ以外にも大都市の中心部に相当数の不動産を保有しています。おそらく大半の方は、大手新聞社がビル賃貸業も行っているなどとは思ってもいないでしょうが、現実には大手新聞社の経営の一端を支えているのは、ビル賃貸業だともいわれています。

テレビ局も同じです。賃貸オフィスビルなど都心の不動産事業から得られる収益はかなりのものであり、利益の多くを不動産ビジネスで稼いでいるといわれます。大手出版社も同様です。

大手メディアは、本業である新聞、テレビ、出版は、いずれも読者の減少、あるいは広告収入の減少によって、往時より勢いのない状況にあります。しかし、それでも経営が成り立っているのは、不動産事業が堅調といえるからです。

100年後も存続できる企業のBSとは？

私たちが区分所有オフィスをおすすめするのは、100年後も存続できる企業の貸借対照表をつくるという最終目的があるからです。

企業経営者が時々間違うのは、何がなんでも利益をつくろうとすることです。確かに、売上からさまざまなコストを差し引いた残りが利益であり、利益があるからこそ企業は存続できると思ってしまいがちですが、損益は単なる手段なのです。企業にとって本当に大事なのは、経済情勢がどのように変化しようとも、揺るぎないキャッシュフローを長期的に生み出す優良な資産を持つことなのです。

優良な資産が不動産であることは、いうまでもありませんが、不動産に関しては、少々の誤解があります。それは、不動産を所有するのはよいとしても、使う不動産ならよいが、使わない不動産は悪であるという考え方です。

- 使う不動産……………企業にとっての自社ビル、工場など企業活動を行ううえで必要な不動産
- 使わない不動産………本業とは別に資産運用目的での不動産投資

さて、使わない不動産を持つことは、企業にとって悪いことなのでしょうか。

確かに、「悪い」とおっしゃる人の考え方もわかります。おそらく、バブル経済が崩壊していく過程において、投資目的で購入した土地の値段が暴落し、多額の含み損を抱え込んだという悪夢が忘れられないのだと思います。

しかし、それはあくまでも短期の売買差益を狙って所有した不動産であり、私たちがおすすめしている区分所有オフィスのような、長期的な賃貸事業を目的として所有する不動産とは、まったくの別物といえます。

私たちの主張は、100年後も存続できる企業になるためにも、本業とは別に、優良な土地に立っているビルを購入し、そこから定期的な賃貸収入を得るという事業を行いましょう、ということなのです。

本業で使っている不動産を売却することは簡単にはできません。工場が稼働しているのに、その工場が建っている土地を更地にして売却したら、工場が失われた分、その会社の

生産性は大きくダウンします。これに対して、本業と関係のない不動産であれば、それを売却しても、本業にはなんの影響も及びません。

もう少しエッジの効いた言い方をすると、不動産は持つべきだと思いますが、「本業で使う不動産は持たないほうがよい」とまで、言い切ってもよいとさえ思います。

例えば今、ある大手企業が自社ビルを保有し、本社機能を持たせているとしましょう。ところが年々、新入社員と定年退職した人とで、従業員の人数は常に変動しています。また、部門の統合などで組織の形自体が大きく変わっていくケースもあるでしょう。

このように、組織の状況が変化していくのに、自社ビルを購入してしまったら、完全に固定されてしまいます。

合理的なやり方としては、まず自分たちが使う不動産は、その時々の状況に応じて賃貸で対応し、そのうえで、本業とは関係のない不動産を購入し、ビル賃貸業を行うべきです。そうすれば、本社を賃貸ビルにすることで3億円の賃料を支払わなければならなくなったとしても、同時に3億円の賃料が入ってくる賃貸ビルを持っていることで、支払う賃料は、受け取る賃料によって相殺されます。

そして、もしビル賃貸業を行うために所有した不動産の価格が大きく上昇したら、キャピタルゲインの分だけはきちっと収益化できます。

これは、まさに発想の転換といってもよいでしょう。少なくとも、本業で使わない不動産を持つのは悪であるというのは、あまりにも固定観念に囚われた考え方です。

そして、これから100年後も事業が継続され、一人でも多くの人々の役に立てる事業を行うためには、むしろこの本業には使わない不動産をどれだけ持てるか、という点が大切です。

あえて「本業で使う不動産を所有すべき」という事例を挙げるなら、自社オフィスとしていくつかの区分所有オフィスを購入することです。区分所有オフィスなら1フロアごとの所有権のため、使用しなくなった分だけ賃貸または売却が可能なため、その時々の状況に応じてフレキシブルに対応することが可能になります。

いずれにしても、企業の存続のためには都心に建つオフィスビルを「区分所有」することが最適であり、それを資産に組み入れることによって、100年後も存続できる企業を一社でも増やしていくことが、私たちの使命なのです。

多くの「100年企業をつくる」ことが使命

100年企業戦略研究所では、ウェブサイト「100年企業戦略オンライン」を運営しており、コラムなどを通じて、長寿企業に学ぶ経営哲学やリーダー論、財務戦略など、１００年企業を実現するための企業経営のあり方に関する情報を発信しています。活動を通じて１００年企業をつくり、社会貢献の一端を担っていくことが私たちの務めだと考えています。

中小企業庁が２０１９年に公表した「中小企業・小規模事業者におけるM＆Aの現状と課題」によれば、今後10年の間に、70歳（平均引退年齢）を超える中小企業、小規模事業者の経営者は約２４５万人となり、うち約半数の１２７万人（日本企業の約3分の１）が後継者未定です。現状を放置すれば、中小企業の廃業急増により、２０２５年頃までの累計で約６５０万人の雇用、約22兆円のＧＤＰが失われる可能性が示唆されています。

とくに地方においては、事業承継問題は深刻であり、その解決なくして地方経済の再生、持続的な発展はありえません。

都心に建つオフィスビルの区分所有を保有し、本業に不動産賃貸業を組み入れ、本業と連動しない形の収益源を確保することで、本業の事業継続性を向上させる――。

ボルテックスは、一社でも多くの１００年企業を創出することで、日本の未来を切り拓いてまいります。そして、その志を一人でも多くの皆様と共有することができましたら、望外の喜びです。

株式会社ボルテックスのパーパスについて

経営に新常識をもたらし
富の再分配を実現することにより、
社会における格差の拡大とそれによる分断を是正する。

現代は格差の拡大と社会の分断が深刻化しています。ボルテックス社長である宮沢文彦は、証券会社や不動産業界での経験を通じて、大企業による不動産の寡占化や、地元の資産が大企業や外資に吸収されていく現状を痛感しました。これらの課題に対し、私たちは地方と東京、中小企業と大企業の間で、富の再分配の実現を目指します。

具体的には、東京にすべてが集まっているため、地方への横の分配と大手企業からの縦の分配を推進します。また、地方で成功した事業の持続的成長を支援するため、蓄積された地方の富を東京の経済力と結びつけ、相互発展を図ります。この取り組みにより、地域間格差の是正と、より公平で調和のとれた社会の実現を目指します。私たちボルテックスは、この新しい経営の常識を通じて、持続可能な社会づくりに貢献してまいります。

●本書を読まれてのお問い合わせは、以下の連絡先までお願いいたします。
株式会社ボルテックス
電話番号：０１２０－９４８－８２７（受付時間／平日９時半～18時）

【著者紹介】
宮沢文彦（みやざわ　ふみひこ）
1989年 早稲田大学商学部卒業。同年、ユニバーサル証券株式会社（現 三菱UFJモルガン・スタンレー証券株式会社）に入社する。その後、不動産業界の可能性に着目し、不動産会社への転職を決意。1995年、株式会社レーサム・リサーチ（現 株式会社レーサム）入社、営業部長として活躍し不動産コンサルティングを行う。収益不動産として高い将来性が見込まれた「区分所有オフィス」に魅力を感じ、1999年4月に株式会社ボルテックスを設立し、現在に至る。公認不動産コンサルティングマスター。

100年企業戦略　第2版
「持たざる」から「持つ」経営へ

2024年 12月31日　第1刷発行

著　者——宮沢文彦
発行者——山田徹也
発行所——東洋経済新報社
〒103-8345　東京都中央区日本橋本石町 1-2-1
電話＝東洋経済コールセンター　03(6386)1040
https://toyokeizai.net/

装丁・本文……中村勝紀（TOKYO LAND）
印刷・製本……藤原印刷株式会社
　Printed in Japan　ISBN 978-4-492-96242-8